英語の九九 81 パターン

「英語の九九」のパターンを（1×1）から（9×9）まで一覧にしたものです。合計81のパターンをしっかり覚えましょう。「英語の九九」が英語を話すための基礎をつくります！

1の段

1×1
Thank you × for〜.
〜でありがとうございます

1×2
I'm sorry × 主語・(助)動詞.
〜してごめんなさい

1×3
See you × 時間など.
じゃあ、また〜

1×4
Have a × 名詞.
〜してお過ごしください

1×5
Enjoy × 名詞.
〜を楽しんでください

1×6
Sounds × 形容詞.
〜そうだね

1×7
Go × 副詞.
〜行きなさい

1×8
No × 名詞.
〜ではないよ、〜しなくていいよ

1×9
Excuse me × for〜.
〜してすみません

2の段

2×1
It's × 天気.
〜な天気ですね

2×2
I have × 体調(症状).
体調が〜です

2×3
I hope × 主語・動詞.
〜したらいいな

5×6
Are you ready × to〜?
〜する準備はできていますか

5×7
What do you think × of〜?
〜についてどう思いますか

5×8
Would you mind × 〜ing?
〜していただけませんか

5×9
Do you want me to × 動詞?
〜しましょうか

6×1
Let me × 動詞.
[私が]〜しましょう

6 の段

6×2
I'm × in〜.
〜な状態です

6×3
It's kind of × 形容詞.
何となく〜です

6×4
Come and × 動詞.
〜しに来て

6×5
That's what × 主語・動詞.
〜なのはそういうことです

6×6
It depends × on〜.
〜によります

6×7
Help yourself × to〜.
〜をご自由にどうぞ

6×8
It's worth × 〜ing.
〜する価値はあるよ

6×9
Who × 動詞?
誰も〜ないよ

7×1
I feel like × 主語・動詞.
〜のような気がします

7 の段

7×2
I suggest × 主語・動詞.
〜することをお勧めします

7×3
I'd appreciate it × if〜.
〜していただけたらありがたいです

音声ダウンロード付

英語の九九で基礎が身につく!

かけ算メソッドで

どんどん話せる

英会話

9×9=

つの段

決まり表現

81パターン

山崎 祐一
Yamasaki Yuichi

Jリサーチ出版

はじめに

「英語の九九」からスタートしよう

これまで、ずいぶん学校で英語を習ってきたけれども、「いざとなると話せない」「ありきたりなひと言しか出てこない」という人は多いのではないでしょうか。そんな英語がうまく話せない人たちの強い味方になるのが「英語の九九」です。

小学生が算数の九九を覚えてから、少しずつ複雑な計算に進んでいくように、英語もまず九九が英会話のスタート地点になります。算数の九九のように、ベースになる英会話フレーズを暗記すれば、それを基軸にさまざまな表現に応用して、英会話の幅を広げていくことができるのです。

「かけ算メソッド」で会話力が何倍にもなる

本書は、算数の九九と同じように、1の段の（1×1）から9の段の（9×9）まで、全部で81のユニットで構成されています。

例えば、（1×1）では「感謝する」のThank you 〜を紹介します。毎日24時間どこでも口にしたり、耳にしたりするフレーズです。

この基本フレーズにfor your help（あなたの助け）やfor your time（あなたの時間）、for everything（いろいろなこと）などのさまざまな言葉を組み合わせて何倍にも使えるようにします。これが英語の九九が効果を発揮する「かけ算メソッド」なのです。

それぞれのユニットでは基本フレーズを覚えてから、言葉を入れ替えてさらに5つのフレーズを練習します。本全体で、合計486フレーズを身につけることができます。会話フレーズはどれもネイティブスピーカーもよく使い、そのまま使えるものなので、覚えてしまえば、さまざまな目的や場面、状況に応じた英語を話せるようになります。

「九九」を覚えれば、だれでも話せるようになる

言葉が話せるようになる過程は、まず、「インプット」、つまり「聞くこと」から始まります。赤ちゃんは、意味がわからなくても、家族が話しかける言葉を一生懸命聞いています。そして、徐々に単語レベルで「アウトプット」、つまり「話すこと」を始めます。

外国語学習も、まず「聞くこと」——インプットから始めましょう。インプットなしにアウトプットはできません。何度も聞けば、英語の音に慣れ、イントネーションやリズムの特徴もつかめるようになり、「話す力」も上達します。

「話す力」は、単語レベルから句（単語の集まり）レベル、句レベルから文（主語と動詞の組み合わせ）レベルへと進歩していきます。英語の九九でも同じように、短い定型フレーズに簡単な語句を組み合わせることにより、より具体的で、豊かな英会話表現に広げていくことができるのです。

私たちは、2桁、3桁のかけ算をすべて暗記しているわけではありません。しかし、初めて見るかけ算をその場で計算することができます。それは、小学校のときに覚えた「九九」という基本を応用しているからです。英語も同じです。

簡単な英語が口から出てこないもどかしさを感じている方も、また、もう一度英会話をやり直したいと思っている方も、本書を利用して、英語を話せるようになることをぜひ実感していただきたいと思います。

著者

CONTENTS

はじめに ……………………………………………………………………… 2

本書の使い方 ……………………………………………………………… 8

「英語の九九」の効果的な学習法 …………………………………… 10

音声ダウンロードのしかた ……………………………………… 14

1の段 英会話をスタート！ 超入門フレーズ

1×1 感謝する Thank you × for 〜. ……………………… 16

1×2 謝罪する I'm sorry × 主語・(助)動詞. ………………… 18

1×3 別れる See you × 時間など. ……………………………… 20

1×4 過ごす Have a × 名詞. ……………………………………… 22

1×5 楽しむ Enjoy × 名詞. ……………………………………… 24

1×6 感想を言う Sounds × 形容詞. ………………………… 26

1×7 行く・進む Go × 副詞. ……………………………………… 28

1×8 否定する No × 名詞. ……………………………………… 30

1×9 声をかける Excuse me × for 〜. …………………… 32

Coffee Break ① Thank you.と「ありがとう」の違い ………………… 34

2の段 毎日使えるお役立ちフレーズ

2×1 天気の話 It's × 天気. ……………………………………… 36

2×2 体調を話す I have × 体調(症状). ……………………… 38

2×3 願う・望む I hope × 主語・動詞. ………………………… 40

2×4 アドバイス You should × 動詞. ……………………… 42

2×5 見える It looks × 形容詞. ……………………………… 44

2×6 忠告する Just × 動詞. …………………………………… 46

2×7 義務 I have to × 動詞. …………………………………… 48

2×8 行こう Let's go × 〜 ing. …………………………… 50

2×9 得意だ I'm good × at 〜. …………………………… 52

Coffee Break ② haveの本当の意味は? ………………………………… 54

3の段 どこでも使える万能フレーズ

3×1	やめる	Stop × 〜 ing.	56
3×2	程度を聞く	How × 形容詞(副詞)?	58
3×3	憶測する	I wonder × if 〜.	60
3×4	反対意見	I don't think × 主語・動詞.	62
3×5	経験を聞く	Have you × 過去分詞?	64
3×6	感嘆する	What × 名詞!	66
3×7	種類を聞く	What kind × of 〜?	68
3×8	難しい	It's hard × to 〜.	70
3×9	実現できず	I was going to × 動詞.	72

Coffee Break ③ How old are you?は使い方に注意！ ……………… 74

4の段 気持ちを伝えるフレーズ

4×1	希望する	I'd like to × 動詞.	76
4×2	嬉しい	I'm glad × 主語・動詞.	78
4×3	喜ぶ	I'm happy × to 〜.	80
4×4	お祝いする	Congratulations × on 〜!	82
4×5	確信する	I'm sure × 主語・動詞.	84
4×6	安心する	Good thing × 主語・動詞.	86
4×7	残念だ	Too bad × 主語・動詞.	88
4×8	心配する	I'm worried × about 〜.	90
4×9	うんざり	I'm tired × of 〜.	92

Coffee Break ④ 「発音」も大切な英語力である ……………………… 94

5の段 相手の考えを聞くフレーズ

5×1	許可をとる	May I × 動詞?	96
5×2	依頼する	Could you × 動詞?	98
5×3	提案する	How about × 〜ing?	100

5×4	提案する	Why don't you × 動詞?	102
5×5	誘う	Would you like × to ～?	104
5×6	準備する	Are you ready × to ～?	106
5×7	相手の考え	What do you think × of ～?	108
5×8	お願いする	Would you mind × ～ing?	110
5×9	申し出る	Do you want me to × 動詞?	112

Coffee Break ⑤　May I help you?には何と答える? ………… 114

6の段 英語らしく話せるフレーズ

6×1	申し出る	Let me × 動詞.	116
6×2	状態を話す	I'm × in ～.	118
6×3	曖昧に言う	It's kind of × 形容詞.	120
6×4	誘う	Come and × 動詞.	122
6×5	説明する	That's what × 主語・動詞.	124
6×6	場合による	It depends × on ～.	126
6×7	勧める	Help yourself × to ～.	128
6×8	価値がある	It's worth × ～ing.	130
6×9	反語	Who × 動詞?	132

Coffee Break ⑥　英語にも「間接表現」がある ………… 134

7の段 会話上手になるフレーズ

7×1	感想を話す	I feel like × 主語・動詞.	136
7×2	勧める	I suggest × 主語・動詞.	138
7×3	丁寧な依頼	I'd appreciate it × if ～.	140
7×4	方法を聞く	How do I × 動詞?	142
7×5	切り出す	Actually, × 主語・動詞.	144
7×6	振り返る	It's been × 期間.	146
7×7	感動する	I'm impressed × with ～.	148
7×8	驚く	I was surprised × to ～.	150

7×9 予定する　I'm supposed to × 動詞. ⋯⋯⋯⋯⋯⋯ 152

Coffee Break ⑦　「驚く」ではなく「驚かされる」と発想する ⋯⋯⋯⋯ 154

8の段　しっかり決まる とっておきフレーズ

8×1 励ます　Good luck × on ～. ⋯⋯⋯⋯⋯⋯⋯ 156

8×2 注意する　Watch out × for ～. ⋯⋯⋯⋯⋯⋯ 158

8×3 ～のひとつ　It's one of × 最上級. ⋯⋯⋯⋯⋯ 160

8×4 思い出す　It reminds me × of ～. ⋯⋯⋯⋯ 162

8×5 確認する　What happened × to ～? ⋯⋯⋯⋯ 164

8×6 おかしい　There's something wrong × with ～. 166

8×7 関係ない　It has nothing to do × with ～. ⋯⋯ 168

8×8 指示する　All you have to do is × 動詞. ⋯⋯⋯ 170

8×9 一番のもの　What's the × 最上級? ⋯⋯⋯⋯⋯ 172

Coffee Break ⑧　無生物主語は英語らしい表現 ⋯⋯⋯⋯⋯⋯⋯⋯ 174

9の段　ネイティブに近づく応用フレーズ

9×1 未来のこと　What if × 主語・動詞? ⋯⋯⋯⋯⋯⋯ 176

9×2 願望を話す　I wish × 主語・(助)動詞の過去形. ⋯⋯ 178

9×3 後悔する　I should've × 過去分詞. ⋯⋯⋯⋯⋯ 180

9×4 問題がある　The thing is, × 主語・動詞. ⋯⋯⋯⋯ 182

9×5 納得する　No wonder × 主語・動詞. ⋯⋯⋯⋯⋯ 184

9×6 他に何か　What else × 疑問形? ⋯⋯⋯⋯⋯⋯ 186

9×7 理由を聞く　How come × 主語・動詞? ⋯⋯⋯⋯⋯ 188

9×8 今後の進展　We'll see × 疑問形. ⋯⋯⋯⋯⋯⋯ 190

9×9 相手の立場　If I were you, × I would ～. ⋯⋯⋯ 192

Coffee Break ⑨　あいづちは会話のクッション ⋯⋯⋯⋯⋯⋯⋯⋯ 194

英語をがんばって！──著者からのメッセージ ⋯⋯⋯⋯⋯⋯⋯⋯⋯ 195

本書の使い方

本書は「英語の九九」を覚えて、会話力の基礎を固める1冊です。1の段から9の段まで基本フレーズを覚えて練習すれば、だれでも英語が話せるようになります。

英語の九九フレーズ

各段の九九フレーズと機能・役割を示します。

基本フレーズ

九九のフレーズを使った代表的な会話文を紹介します。音声を聞いて、自分でも何度も声に出して、完全に覚えてしまいましょう。カタカナ発音も表示します。

発音のしかた

どんなふうに発音すれば相手に通じるか、発音のしかたを紹介します。日本人が苦手な音をしっかり指南します。

こんなに使える!

九九のフレーズをベースにした言い換えフレーズを5つ練習しましょう。基本フレーズを応用的に使いこなせるようになります。カタカナ発音付き。

1×1
感謝する

Thank you × for〜.
（〜でありがとうございます）

◁》01

> ・*Thank you for your help.*
>
> [**テ**ンキューフォーヨー**ヘ**ォプ]
> 手伝っていただきありがとうございます。

・)) **発音のしかた**

Thank you.は[**テ**ンキュー]と示していますが、thankのthは、舌を上下の歯の間に挟んで、発音するときに舌を素早く口の中に引き、舌と上の歯を摩擦させます。

🗨 **こんなに使える!**

☐ 1　**Thank you for everything.**
　　[**テ**ンキューフォー**エ**ヴリティン]

☐ 2　**Thank you for your time.**
　　[**テ**ンキューフォーヨー**タ**イム]

☐ 3　**Thank you for your support.**
　　[**テ**ンキューフォーヨーサ**ポ**ートゥ]

☐ 4　**Thank you for your cooperation.**
　　[**テ**ンキューフォーヨーコウアパ**レ**イシュン]

☐ 5　**Thank you for your understanding.**
　　[**テ**ンキューフォーヨーアンダス**タ**ンディン]

16

〈英語の九九の練習のしかた〉

❶ 英語音声の後にポーズが設けられているので、そこで自分で言ってみましょう。発音の際にはカタカナ発音も参考にしてください。

❷ まずテキストを見ながら言ってみて、慣れてきたら音声だけを頼りに後に続いて言ってみましょう。

※ダウンロード音声は「英語フレーズのみ」「英語フレーズ＋日本語訳」の2種類が用意されています。

🔍 話すためのポイント

Thank you.はお礼を言うときの定番表現です。「ありがとうございます」「ありがとうございました」の両方に使えます。

感謝の意を強調する場合はThank you very much.のように、後ろにvery muchを付けることもできますが、Thank you for your help.のように、〈for＋感謝する具体的な内容〉を付け足すことによって、相手に深い感謝の気持ちを表すこともできるのです。

トラック番号

ダウンロード音声（無料）のトラック番号を示します。ダウンロードの方法については14ページをごらんください。

話すためのポイント

基本フレーズを使うポイントを解説します。表現のしくみや文法の注意点、何倍にも応用的に使うコツ、実際の使用例などを紹介しています。

1 いろいろとありがとうございます。
→ everything（いろいろなこと）

日本語訳

「こんなに使える！」の言い換えフレーズの日本語訳です。単語の意味や、表現の特徴なども説明します。

2 お時間をありがとうございました。

3 ご支援いただきありがとうございます。
→ support（支援、サポート）

4 ご協力をありがとうございました。
→ cooperation（協力）

5 ご理解いただきありがとうございます。
→ understanding（理解）

17

1の段

「英語の九九」の効果的な学習法

「かけ算メソッド」が「英語の九九」の根幹です。1つのフレーズを暗記して、それを何倍、何十倍にも英語の抽斗(ひきだし)を増やすかけ算のパワーについて知っておきましょう。

学習法1 「かけ算メソッド」で会話力が何倍にもなる

「英語の九九」がとても効果的なのは「かけ算メソッド」が組み込まれているからです。

算数の九九のように、最初にベースになる「基本フレーズ」を完全に暗記してしまうことが大切です。右ページの例では、まず「Thank you for your help.」を覚えてしまいましょう。完全にマスターして、自分でしっかり空で言えることがポイントです。

基本フレーズを覚えれば、あとはさまざまな言葉をかけ合わせて(入れ替えて)いくだけです。本書では基本フレーズのほかに5つの「言い換えフレーズ」を紹介しているので、これらを練習すれば会話力は5倍に進化します。

さらに、自分が実際に使いたい言葉に置き換えていけば、基本フレーズはさらに何倍にも役立つようになるというわけです。

これが、英語の九九が威力を発揮する「かけ算メソッド」なのです。

基本フレーズに言葉をかけ合わせるときには、ポイントになる単語があります。Thank you.はこれだけでは「ありがとう」で終わってしまいますが、前置詞のforを挟むことで、何倍もの会話フレーズをつくることができるようになります。

Are you readyならto、Congratulationsならon、I'm tiredならofを挟むことで、使い勝手が大きく向上します。こうした単語も意識しながら練習しましょう。

「かけ算メソッド」のしくみ

STEP 1 算数の九九のように、基本フレーズを暗記しよう

Thank you for your help. [for+名詞]

（手伝っていただきありがとうございます）

STEP 2 さまざまな言葉を入れ替えて、かけ算で会話力を増やそう

5倍に
なる！

{
everything（すべてを）

your time（お時間を）

for **your support**（ご支援を）

your cooperation（ご協力を）

your understanding（ご理解を）
}

STEP 3 自分の言いたいことを続けて、さらに何倍にも使いこなそう

さらに
何倍にも！

{
waiting（お待ちいただき）

for **your kindness**（ご親切を）

……
}

11

インプット＝「九九」を聞く

まず音に慣れる、日本語に訳さない

　言葉を習得するために一番大切なのは、まず「音」に慣れることです。音楽のように、英語らしい「リズム」の特徴を、インプット（聞くこと）を繰り返すことによってつかんでいきましょう。

　最初はフレーズのすべての意味がわからなくても大丈夫です。単語だけでも拾い上げるようにして、できるだけ聞き取ってみてください。

　聞き取るときに大切なもう1つのことは、英語をできるだけ日本語に訳さないということです。例えば、Thank you.と聞いたときに、わざわざ日本語で「ありがとう」と頭の中では訳しませんね。Thank you.と聞いた瞬間に、相手の感謝の気持ちが伝わればいいのです。他のフレーズも、そのまま意味を頭の中でイメージしながら、インプットの練習をしましょう。

アウトプット＝「九九」を話す

発音を意識しながら音読しよう

　アウトプットするときには、キレイな発音が話す力の向上にとても役に立ちます。本書で紹介する英会話表現については、すべて英語圏で日常的によく使われるものを厳選してあります。付属のダウンロード音声を利用して、発音を意識しながら音読してみましょう。子音、母音だけでなく、音のつながりやイントネーションにも注意しましょう。音読を繰り返し練習すれば、「聞く力」と「話す力」の両方が同時に身につきます。

　ネイティブスピーカーのような自然な発音で、「インプット（聞く）」➡「アウトプット（話す）」を繰り返すことにより、英語の音声にも慣れ、英会話フレーズが瞬時に口から出てくる実感が得られると思います。

それぞれのフレーズで、「九九」のように文や語句をかけ合わせ、自分に身近な場面を想定しながら音読することによって、英会話力は確実にアップしていきます。

学習法3 ビギナーは「カタカナ発音」を真似しよう

本書では、発音をカタカナで表記しています。読者のみなさんが発音のイメージをつかみやすいようにするためです。つながる音や消える音、または変化する音などもカタカナ表記にすればよくわかります。

I'm glad you like it.

[アイムグ**ラ**ッジュー**ラ**イキッ(トゥ)]

カタカナはできるだけ英語発音に近い表記をしています。たとえば、I'm glad you like it.（気に入ってもらえて嬉しいです）をカタカナで［アイム グラッド ユー ライク イット］と示してもあまり意味はありませんが、［アイムグ**ラ**ッジュー**ラ**イキッ(トゥ)］のように、つながる音や消える音、太字で強く発音するところなどを示せば、実際の発音にかなり近づきます。

このようなカタカナ表記は、実際に発音力アップに効果があることが実証されています。カタカナの表記のしかたを工夫すれば発音のヒントになりますし、発音の習得だけでなくリスニングの向上にも効果があるという研究結果も報告されています。

もちろん、カタカナはあくまでも参考と考えてください。基本的には、ネイティブスピーカーの音声（ダウンロード音声）を利用してください。その際に、カタカナ表記を併用すると効果が上がります。

発音練習をする場合には、ネイティブスピーカーの音声とカタカナ表記を上手く活用してほしいと思います。

音声ダウンロードのしかた

STEP 1 商品ページにアクセス！ 方法は次の3通り！

1 QRコードを読み取ってアクセス。

2 https://www.jresearch.co.jp/book/b643828.html
を入力してアクセス。

3 Jリサーチ出版のホームページ
（https://www.jresearch.co.jp/）にアクセスして、
「キーワード」に書籍名を入れて検索。

STEP 2 ページ内にある「音声ダウンロード」
ボタンをクリック！

STEP 3 ユーザー名「1001」、パスワード「26165」を入力！

STEP 4 音声の利用方法は2通り！
学習スタイルに合わせた方法でお聞きください！

- 「音声ファイル一括ダウンロード」より、ファイルをダウンロード
して聴く。
- 「▶」ボタンを押して、その場で再生して聴く。

※ダウンロードした音声ファイルは、パソコン・スマートフォンなどでお聴きいただくことができます。一括ダウンロードの音声ファイルは.zip形式で圧縮してあります。解凍してご利用ください。ファイルの解凍が上手く出来ない場合は、直接の音声再生も可能です。

>> 音声ダウンロードについてのお問合せ先
toiawase@jresearch.co.jp （受付時間：平日9時～18時）

英会話をスタート！超入門フレーズ

1の段

〈Thank you × for ～.〉から
1の段のフレーズを覚えていきましょう。
〈I'm sorry × 主語・(助)動詞 ～.〉や
〈Enjoy × 名詞.〉など、誰でも知っている表現を
会話で使いこなせるようにしましょう。

🎧 Track **1～9**

Thank you × for〜.
(〜でありがとうございます)

> **Thank you for your help.**
> [**テン**キューフォーヨー**ヘ**ョプ]
> 手伝っていただきありがとうございます。

•)) **発音のしかた**

Thank you.は[**テン**キュー]と示していますが、thankのthは、舌を上下の歯の間に挟んで、発音するときに舌を素早く口の中に引き、舌と上の歯を摩擦させます。

⤵ **こんなに使える!**

□ **1** **Thank you for everything.**
[**テン**キューフォー**エ**ヴリティン]

□ **2** **Thank you for your time.**
[**テン**キューフォーヨー**タ**イム]

□ **3** **Thank you for your support.**
[**テン**キューフォーヨーサ**ポ**ートゥ]

□ **4** **Thank you for your cooperation.**
[**テン**キューフォーヨーコウアパ**レ**イシュン]

□ **5** **Thank you for your understanding.**
[**テン**キューフォーヨーアンダス**タ**ンディン]

1　いろいろとありがとうございます。

→ everything（いろいろなこと）

2　お時間をありがとうございました。

3　ご支援いただきありがとうございます。

→ support（支援、サポート）

4　ご協力をありがとうございました。

→ cooperation（協力）

5　ご理解いただきありがとうございます。

→ understanding（理解）

I'm sorry × 主語・(助)動詞.
（～してごめんなさい）

> ## I'm sorry I'm late.
> [アイム**ソ**ーリーアイム**レ**イトゥ]
> 遅れてごめんなさい。

•)) 発音のしかた

sorryのrの音は、日本語のラ行のように舌を上の歯茎には付けません。唇を尖らせ丸めて発音してみましょう。lateのl音は、舌先を上の歯の裏側に付けて発音します。

➡ こんなに使える！

☐ **1** **I'm sorry I can't.**
[アイム**ソ**ーリーアイ**キャ**ントゥ]

☐ **2** **I'm sorry I couldn't come.**
[アイム**ソ**ーリーアイクドゥン（トゥ）**カ**ム]

☐ **3** **I'm sorry I forgot.**
[アイム**ソ**ーリーアイフォ**ガ**ッ（トゥ）]

☐ **4** **I'm sorry I didn't call you.**
[アイム**ソ**ーリーアイディドゥン（トゥ）**コ**ーォユー]

☐ **5** **I'm sorry I misunderstood you.**
[アイム**ソ**ーリーアイミスアンダス**トゥ**ッジュー]

---

1 できなくてごめんなさい。

---

2 行けなくてごめんなさい。
→ couldn'tはcan't（～できない）の過去形。相手のところに行くのはcomeです。

---

3 忘れていてごめんなさい。
→ forgotはforget（忘れる）の過去形。

---

4 電話せずにごめんなさい。
→ call（電話する）

---

5 誤解してごめんなさい。

See you × 時間など.
(じゃあ、また〜)

🎧 03

> ## See you tomorrow.
> [**スィ**ーユートゥ**マ**ロウ]
> じゃあ、また明日。

•)) **発音のしかた**

seeは、[シー]ではなく[**スィ**ー]のように発音しましょう。最初は[ス]と[イ]を別々にゆっくり発音し、少しずつ早くしていくと、[ス]と[イ]がつながって、[**スィ**ー]と発音できるようになります。

💬 **こんなに使える!**

□ 1 **See you later.**
[**スィ**ーユー**レ**ィラー]

□ 2 **See you then.**
[**スィ**ーユー**デ**ン]

□ 3 **See you around.**
[**スィ**ーユーア**ラ**ウンドゥ]

□ 4 **See you on Monday.**
[**スィ**ーユーオン**マ**ンデイ]

□ 5 **See you next week.**
[**スィ**ーユー**ネ**クス(トゥ)**ウィ**ーク]

　See you.はBye.と同じように、定番の別れのあいさつです。もちろんSee you.だけでも大丈夫ですが、後ろにtomorrowやnext weekを付けて、次にいつ会うのかを具体的に言うこともできます。

　See you.の前にはI'llが省略されていますが、I'll see you tomorrow.やI'll see you later.のようにI'llを省略せずに使うこともあります。

1　じゃあ、またあとで。
→ later（あとで）

2　じゃあ、またそのときに。
→ then（そのときに）

3　じゃあ、またそのあたりで。
→ around（周りで）。パーティーなどでまた会いそうなときに使います。

4　では、月曜日に。

5　では、また来週。

1×4
過ごす

Have a × 名詞.
(～してお過ごしください)

🎧 04

> ## Have a nice day.
> [ハヴァ**ナ**イス**デ**イ]
> いい一日を過ごしてください。

•)) **発音のしかた**

haveのaは、[ア]と[エ]の中間音で発音しましょう。Have aは2語をつないで[**ハヴァ**]のように聞こえます。nice dayは両方とも強く発音しますが、dayの方をより強く発音します。

🗨 **こんなに使える！**

☐ **1** **Have a nice vacation.**
[ハヴァ**ナ**イスヴェイ**ケ**イシュン]

☐ **2** **Have a nice evening.**
[ハヴァ**ナ**イス**イ**ーヴニン]

☐ **3** **Have a nice trip.**
[ハヴァ**ナ**イストゥ**リ**ップ]

☐ **4** **Have a good weekend.**
[ハヴァ**グ**ッ(ドゥ)**ウィ**ーケン(ドゥ)]

☐ **5** **Have a good time.**
[ハヴァ**グ**ッ(ドゥ)**タ**イム]

Have a nice day.やHave a good day.は、別れの表現です。夕方に相手と別れるときにはHave a nice evening.と言いましょう。仕事が終わって夕方の帰宅時に「お疲れさまでした」と言いたいときにも使えます。金曜日に別れるときはHave a nice weekend.（いい週末を）です。Have a nice day.やHave a nice weekend.と言われたら、You, too.と笑顔で返しましょう。

1 いい休暇をお過ごしください。
→ vacation（休暇）

2 いい夜を過ごしてね。
→ 夕方に別れるときに使います。

3 楽しいご旅行を。
→ trip（旅行）

4 いい週末をお過ごしください。
→ 金曜日の別れのあいさつ

5 楽しい時間を過ごしてください。

1×5
楽しむ

Enjoy × 名詞.
(〜を楽しんでください)

> # Enjoy your meal.
> [エン**ジョ**イヨー**ミ**ーォ]
> 食事を楽しんでください。

•))) **発音のしかた**

enjoyは[エン**ジョ**イ]のように、後ろの方を強く発音しましょう。your
は[ユア]というよりも[ヨー]のように聞こえます。meal(食事)は[ミー
ル]ではなく、[**ミ**ーォ]のように発音します。

=っ **こんなに使える!**

□ 1 **Enjoy your day.**
[エン**ジョ**イヨー**デ**イ]

□ 2 **Enjoy your stay.**
[エン**ジョ**イヨース**テ**イ]

□ 3 **Enjoy the party.**
[エン**ジョ**イダ**パ**ーリー]

□ 4 **Enjoy yourself.**
[エン**ジョ**イヨー**セ**ォフ]

□ 5 **Enjoy the rest of your weekend.**
[エン**ジョ**イダ**レ**ストヴョー**ウィ**ーケン(ドゥ)]

---

1 今日を楽しんでください。

---

2 滞在を楽しんでください。

　→ stay（滞在）。文末にin Japanを付ければ「日本滞在を」になります。

---

3 パーティーを楽しんでください。

---

4 楽しんでください。

　→ 「あなた自身を楽しんで」→「(その場を)楽しんでね」

---

5 残りの週末を楽しんでください。

　→ 土曜日の夜や日曜日の朝に使えます。rest（残り）

06

1×6
感想を言う

Sounds × 形容詞.
（〜そうだね）

> ## Sounds good.
> [**サ**ウンズ**グ**ッ(ドゥ)]
>
> いいね。

•)) **発音のしかた**

soundsは[サウンド]ではなく[**サ**ウンズ]と、語尾を[ズ]のように発音します。goodやgreatの語尾のd音やt音は消えがちで、ほとんど聞こえないときもあります。

💬 **こんなに使える！**

☐ **1** **Sounds great.**
[**サ**ウンズグ**レ**イ(トゥ)]

☐ **2** **Sounds nice.**
[**サ**ウンズ**ナ**イス]

☐ **3** **Sounds interesting.**
[**サ**ウンズ**イ**ンタレスティン]

☐ **4** **Sounds perfect.**
[**サ**ウンズ**パ**ーフェク(トゥ)]

☐ **5** **Sounds difficult.**
[**サ**ウンズ**ディ**フィカォトゥ]

1 とてもいいね。

→ great は good より「良さ」や「出来栄え」のレベルが上です。

2 素敵だね。

3 面白そうだね。

→ interesting（興味深い、面白い）

4 完璧だね。

→ perfect（完璧な）

5 難しそうだね。

→ difficult（難しい）

07

1×7

行く・進む

Go × 副詞.

(〜行きなさい)

> ## Go back.
> [**ゴ**ゥ**バ**ック]
> 戻りなさい。

•)) **発音のしかた**

goは[ゴー]と伸ばさずに、[**ゴ**ゥ]のように発音しましょう。backのba は[バ]と[ベ]の間くらいの音で発音します。homeも[ホーム]ではなく [**ホ**ゥム]のように発音しましょう。

≡) **こんなに使える！**

☐ **1** **Go straight.**
[**ゴ**ゥストゥ**レ**イ(トゥ)]

☐ **2** **Go away.**
[**ゴ**ゥア**ウェ**イ]

☐ **3** **Go home.**
[**ゴ**ゥ**ホ**ゥム]

☐ **4** **Go on.**
[**ゴ**ゥ**オ**ン]

☐ **5** **Go ahead.**
[**ゴ**ゥア**ヘ**ッドゥ]

1　まっすぐ進んでください。
⤳ straight（まっすぐに）

2　あっちへ行って。
⤳ away（離れて）

3　帰りなさい。
⤳ home（家、家に）

4　続けてください。
⤳ on（続けて、進行中で）

5　お先にどうぞ。
⤳ ahead（先に）

08

1×8
否定する

No × 名詞.
(〜ではないよ、〜しなくていいよ)

> ## No problem.
> [ノウプ**ラ**ーブレム]
> 問題ないよ。

•))) **発音のしかた**

noは[ノー]と伸ばさずに[**ノ**ウ]のように発音します。problemは[プロブレム]というよりも[プ**ラ**ーブレム]のように発音しましょう。worryのwoは[ワ]をあまり口を開けずに発音してみましょう。

💬 **こんなに使える!**

□ **1** **No worries.**
[ノウ**ワ**ーリーズ]

□ **2** **No rush.**
[ノウ**ラ**ッシュ]

□ **3** **No way.**
[ノウ**ウェ**イ]

□ **4** **No sweat.**
[ノウス**ウェ**ッ(トゥ)]

□ **5** **No big deal.**
[ノウビッグ**ディ**ーォ]

noはyesの反対で、「いいえ」という意味で使いますね。Noの後ろに名詞を足すだけで「〜ではないよ」や「〜しなくていいよ」という意味になります。No problem.やNo worries.などは、相手をなだめたり励ましたりするときに使います。No sweat.は「骨の折れる仕事ではない」、つまり「お安いご用」、No big deal.は「大事なことではない」、つまり「たいしたことではない」という意味になります。

---

1 **心配ないよ。**

→ worry（心配）。この場合、worries（複数）を使います。

---

2 **慌てなくていいよ。**

→ rush（急ぎ、急ぐ）

---

3 **無理だよ。**

→ way（道、方法）。No way は「方法がない」、つまり「無理だ」ということ。

---

4 **お安いご用だよ。**

→ sweat（汗、骨の折れる仕事）

---

5 **たいしたことないよ。**

→ big deal（大事なこと）

Excuse me × for~.
(~してすみません)

Excuse me for asking.

[エクス**キュ**ーズミーフォー**ア**スキン]

すみません、お聞きしたいのですが。

•))) **発音のしかた**

日本人によくある特徴に、Excuse me.を[エクスキューズミー]と、平板に発音することがあります。英語では[エクス**キュ**ーズミー]のように、[**キュ**ー]を強く高くメリハリを付けて発音しましょう。

=》 **こんなに使える！**

☐ 1 **Excuse me for laughing.**
[エクス**キュ**ーズミーフォー**ラ**フィン]

☐ 2 **Excuse me for coming late.**
[エクス**キュ**ーズミーフォー**カ**ミン(グ)**レ**イ(トゥ)]

☐ 3 **Excuse me for disturbing you.**
[エクス**キュ**ーズミーフォーディス**タ**ービンギュー]

☐ 4 **Excuse me for cutting in.**
[エクス**キュ**ーズミーフォー**カ**リン**ギン**]

☐ 5 **Excuse me for interrupting you.**
[エクス**キュ**ーズミーフォーインタ**ラ**プティンギュー]

1　笑ってしまってすみません。

➡ laugh [**ラ**フ]（笑う）

2　遅れてすみません。

➡ late（遅く）

3　お邪魔してすみません。

➡ 相手が忙しそうにしているときに使います。disturb（邪魔をする）

4　横から失礼します。

➡ 会議などで横から意見を言う場合に使います。cut in（割り込む）

5　お話しのところ、すみません。

➡ interrupt（中断させる）

Thank you.と
「ありがとう」の違い

日本語では、感謝の気持ちを強調するために、何度もお礼の言葉を口にしますね。「どうも、どうも」のように同じ言葉を繰り返したり、翌日には「昨日はどうも」、しばらく会わなかった場合は「この間はどうも」と、日をまたいでまでもお礼を言ったりします。

英語のお礼の表現はThank you.ですが、英語で感謝の気持ちを伝えるときには、Thank you.を何度も繰り返しては言いません。プレゼントをもらったら、そのときは感情豊かに大喜びでお礼を言いますが、翌日には何も言いません。

繰り返さないのは、謝罪の表現のI'm sorry.も同じです。日本語では、何度も「ごめん」や「すみません」と言って謝りますが、英語は、I'm sorry.という定型表現の反復は心がこもっていないとか卑屈という考え方です。英語ではI'm sorry.と言った後、なぜそのようなことが起こったのか理由を言います。日本語では「言い訳」ですが、英語では「事実説明」なのです。

毎日使える お役立ちフレーズ

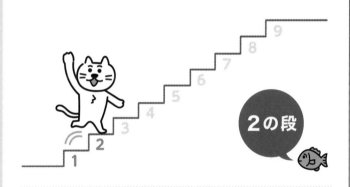

2の段

天気や体調を話すフレーズをはじめ、
願いを表す〈I hope × 主語・動詞.〉や
アドバイスに使える〈You should × 動詞.〉など、
毎日の生活でとてもよく使う
表現を覚えましょう。

🎧 Track **10～18**

It's × 天気.

(〜な天気ですね)

> ## It's windy.
> [イッツ**ウィ**ンディー]
> 風が強いです。

🔊 **発音のしかた**

windyは[ウインディー]ではなく、wiは[**ウィ**]と一気に息を出し、[**ウィ**ンディー]のように発音しましょう。rainingは[**レ**イニン]、snowingは[ス**ノ**ウイン]のように、最後のgは鼻から抜ける音です。

💬 **こんなに使える！**

□ **1** It's sunny.
[イッツ**サ**ニー]

□ **2** It's cloudy.
[イッツク**ラ**ウディー]

□ **3** It's cold.
[イッツ**コ**ウォドゥ]

□ **4** It's raining.
[イッツ**レ**イニン]

□ **5** It's snowing.
[イッツス**ノ**ウイン]

🔍 話すためのポイント

　「日本人はよく天気の話をする」と言いますが、英語でも天気の話はよくします。特に会話のきっかけを掴むときには、天気の話はとても便利です。天気の話をするときには、主語にItを使い、It is(It's)で文を始めます。sunny(晴れている)やcloudy(曇っている)のような形容詞を続けたり、rainingやsnowingのようにing形を続けたりすることもできます。「そよ風が吹いている」はwindyではなくbreezyを使います。

1 天気がいいですね。

→ sunny (晴れている)は sun (太陽)の形容詞です。

2 曇っていますね。

→ cloudy (曇っている)は cloud (雲)の形容詞です。

3 寒いです。

→ 「暑いです」は It's hot. です。

4 雨が降っています。

→ rain は「雨」という名詞ですが、「雨が降る」という動詞でもあります。

5 雪が降っています。

→ snow も「雪」という名詞と、「雪が降る」という動詞があります。

2×2
体調を話す

I have × 体調（症状）.
（体調が〜です）

> # I have a cold.
> ［アイ**ハ**ヴァ**コ**ウォドゥ］
> 風邪をひいています。

•)) **発音のしかた**

have aは［ハブ ア］と2語に分けずに、［**ハヴァ**］のようにつないで発音しましょう。haveのv音は、上の歯と下の唇を摩擦させる音です。両唇を合わせる日本語のバ行の音のようにならないようにしましょう。

🗨 **こんなに使える！**

□ **1** **I have a headache.**
［アイ**ハ**ヴァ**ヘ**デイク］

□ **2** **I have a sore throat.**
［アイ**ハ**ヴァ**ソ**アス**ロ**ウ(トゥ)］

□ **3** **I have a pain in my knee.**
［アイ**ハ**ヴァ**ペ**インインマイ**ニ**ー］

□ **4** **I have a slight fever.**
［アイ**ハ**ヴァス**ラ**イトゥ**フィ**ーヴァ］

□ **5** **I have stiff shoulders.**
［アイ**ハ**ヴス**ティ**フ**ショ**ウォダーズ］

　体調や症状を伝えるときにはhaveを使うのが便利です。haveは「持っている」とよく訳しますが、本来は「一緒に存在する」というイメージの動詞です。I have a cold.は、「私は風邪と一緒に存在する」、つまり「風邪をひいている」ということです。

　headacheのacheは「鈍痛」、painは「強い痛み」というイメージです。soreは「ヒリヒリする」という意味です。

1　頭痛がします。
→ headache（頭痛）。「腹痛」は stomachache、「歯痛」は toothache です。

2　喉が痛いです。
→ sore（ヒリヒリする）、throat（喉）

3　膝が痛いです。
→ pain（強い痛み）、knee（膝）

4　少し熱があります。
→ slight（わずかな）、fever（熱）

5　肩が凝っています。
→ stiff（硬い、凝っている）、shoulder（肩）

2×3
願う・望む

I hope × 主語・動詞.
(〜したらいいな)

I hope you like it.

[アイ**ホ**ウプユー**ラ**イキッ(トゥ)]

気に入ってくれたらいいのですが。

発音のしかた

hopeは外来語発音で「ホープ」と言いますが、実際には[ホー]と伸ばさずに[**ホ**ウプ]のように発音します。like itは[ライク イット]ではなく、2語をつなぎ[**ラ**イキッ(トゥ)]のように発音しましょう。

こんなに使える!

□ 1 **I hope it'll be sunny tomorrow.**
[アイ**ホ**ウプイロビ**サ**ニートゥ**マ**ロウ]

□ 2 **I hope I can get a new job.**
[アイ**ホ**ウプアイキャン**ゲ**ラ**ニュージャ**ブ]

□ 3 **I hope you'll enjoy the party.**
[アイ**ホ**ウプユーォエン**ジョ**イダ**パ**ーリー]

□ 4 **I hope I can pass the test.**
[アイ**ホ**ウプアイキャン**パ**スダ**テ**ストゥ]

□ 5 **I hope it helps.**
[アイ**ホ**ウプイッ**ヘ**ォプス]

1 明日、晴れたらいいな。

→ it'll は it will の短縮形です。

2 新しい仕事に就けたらいいな。

→ get a job（仕事に就く）

3 あなたがパーティーを
楽しんでくれるといいのですが。

4 試験に合格できたらいいな。

→ pass（合格する）

5 お役に立てれば幸いです。

→ help（手助けになる、役に立つ）

2×4
アドバイス

You should × 動詞.
(〜したほうがいいですよ)

> ## You should take a break.
> [ユーシュ(ドゥ)**テ**イカブ**レ**イク]
> 休憩したほうがいいですよ。

•))) **発音のしかた**

shouldの語尾のd音は消えがちで、ほとんど聞こえないときもあります。You should take aは、4語に分けて発音せずに、[ユーシュ(ドゥ)**テ**イカ]のように、つないで発音しましょう。

➡ **こんなに使える！**

□ **1** **You should exercise more.**
[ユーシュ(ドゥ)**エ**クササイズ**モ**ァ]

□ **2** **You should read this book.**
[ユーシュ(ドゥ)**リ**ーッディス**ブ**ック]

□ **3** **You should go home and rest.**
[ユーシュ(ドゥ)**ゴ**ウ**ホ**ウマン**レ**ストゥ]

□ **4** **You should eat breakfast every day.**
[ユーシュ(ドゥ)**イ**ーッブ**レ**ックファストゥ**エ**ヴリ**デ**イ]

□ **5** **You should go to see a doctor.**
[ユーシュ(ドゥ)**ゴ**ウトゥー**ス**ィーア**ダ**クター]

🔍 話すためのポイント

　You should 〜.は「〜したほうがいいですよ」と軽く提案するときに使います。shouldの後ろには動詞の原形が続きます。take a breakは「休憩する」という意味です。辞書にはshouldは「〜するべきだ」、had betterは「〜したほうがよい」と書いてあることが多いので、shouldのほうがきついと思いがちですが、実際は逆で、had betterを使うと「忠告」や「命令」に聞こえます。

1 もっと運動したほうがいいですよ。
→ exercise（運動［する］）

2 この本を読んだほうがいいですよ。

3 家に帰って休んだほうがいいですよ。
→ rest（休む、休憩する）

4 毎日朝ご飯を食べたほうがいいですよ。

5 お医者さんに診てもらったほうがいいですよ。
→ see a doctor（医者に診てもらう）

It looks × 形容詞.
(〜に見えますよ)

🎧 14

> ### *It looks nice on you.*
> [イッ**ル**ックス**ナ**イソンニュー]
> それ、お似合いですよ。

•)) **発音のしかた**

It looksは[イット ルックス]と2語に分けず、[イッ**ル**ックス]のように
つないで発音しましょう。Itのt音は小さな[ッ]のようになり、ほとんど
聞こえません。looksの後ろの形容詞を強く発音しましょう。

🗨 **こんなに使える！**

□ **1** **It looks delicious.**
[イッ**ル**ックスディ**リ**シャス]

□ **2** **It looks wonderful.**
[イッ**ル**ックス**ワ**ンダフォ]

□ **3** **It looks cute.**
[イッ**ル**ックス**キュ**ー(トゥ)]

□ **4** **It looks interesting.**
[イッ**ル**ックス**イ**ンタレスティン]

□ **5** **It looks expensive.**
[イッ**ル**ックスイクス**ペ**ンスィヴ]

1 美味しそうですね。
→ delicious（美味しい）

2 素晴らしく見えますよ。

3 可愛いですね。

4 面白そうですね。
→ interesting（興味深い、面白い）

5 （値段が）高そうですね。
→ expensive（[値段が]高い）

15

2×6
忠告する

Just × 動詞.
(とにかく〜しなさい)

> # *Just do it.*
> [ジャスッ**ドゥ**ーイッ(トゥ)]
> とにかくそれをしなさい。

•)) **発音のしかた**

Justとitのt音は小さな[ッ]のようになりほとんど聞こえず、Just do it.は[ジャスッ**ドゥ**ーイッ(トゥ)]のように発音してみましょう。Justの後ろの動詞(doなど)を強く発音します。

🗨 **こんなに使える!**

☐ **1** **Just relax.**
[**ジャ**スッリ**ラ**ックス]

☐ **2** **Just go straight.**
[**ジャ**スッ**ゴ**ウストゥ**レ**イ(トゥ)]

☐ **3** **Just watch.**
[**ジャ**スッ**ワ**ッチ]

☐ **4** **Just be yourself.**
[**ジャ**スッビヨー**セ**ォフ]

☐ **5** **Just bring yourself.**
[**ジャ**スッブ**リ**ンギョー**セ**ォフ]

Do it.やTell me.などの命令文の前にjustを付ければ、「とにかく（ただ）〜しなさい」と、命令文の意味を強調することができます。

Just 〜.は命令以外にも、「ただ〜するだけでいいんだよ」や「〜してごらん」のように、相手を励ましたり、行動を促したりするときにも使います。

1 とにかく落ち着きなさい。

2 とにかくまっすぐ行ってください。
→ go straight（まっすぐ行く）

3 見ててごらん。
→ 「とにかく見ていなさい。自分の言ったとおりになるから」ということです。

4 いつもの君でいいんだよ。
→ 「自分自身（yourself）でいる」、つまり「いつもの自分でいる」ということです。

5 手ぶらで来てください。
→ 「ただあなた自身だけを連れてきて」、つまり「何も持って来なくていい」ということ。

16

2×7
義務

I have to × 動詞.
（〜しなければなりません）

> ## I have to go now.
> ［アイ**ハ**フトゥ**ゴ**ゥ**ナ**ウ］
> もう行かなければなりません。

•))) **発音のしかた**

have toは［ハヴトゥー］ではなく［**ハ**フトゥ］のように発音します。toは軽く短めに発音しましょう。goは［ゴー］と伸ばさずに［**ゴ**ウ］のように発音しましょう。

💬 **こんなに使える！**

□ 1 **I have to get up early tomorrow.**
［アイ**ハ**フトゥ**ゲラ**ップ**ア**ーリートゥ**マ**ロウ］

□ 2 **I have to go shopping.**
［アイ**ハ**フトゥ**ゴ**ゥ**シャ**ピン］

□ 3 **I have to meet him at the airport.**
［アイ**ハ**フトゥ**ミ**ーリムアッディ**エ**アポー（トゥ）］

□ 4 **I have to finish it today.**
［アイ**ハ**フトゥ**フィ**ニッシットゥ**デ**イ］

□ 5 **I have to do the laundry.**
［アイ**ハ**フトゥ**ドゥ**ーダ**ロ**ーンドゥリー］

🔍 話すためのポイント

　have toは「〜しなければならない」という義務の意味を表すときに使われます。

　mustも同じような意味がありますが、命令するような強い響きがあるので、日常会話では、mustよりもhave toを使う頻度が高いです。特にyouを主語に使うときは、相手の気持ちも尊重し、目的や場面、状況に応じて使うようにしましょう。

---

1 明日は早く起きなければなりません。
　→ early（早く）

---

2 買い物に行かなければなりません。
　→ go shopping（買い物に行く）。go の後ろに to を付けないように。

---

3 彼を空港まで迎えに行かなければなりません。
　→ meet（会う、迎えに行く）。「〜を見送る」は see 〜 off です。

---

4 今日それを終わらせなければなりません。

---

5 洗濯しなければなりません。
　→ do the laundry（洗濯する）

Let's go × ~ing.
（～しに行きましょう）

> ## Let's go shopping.
> ［**レッゴゥショ**ピン］
> 買い物に行きましょう。

•)) **発音のしかた**

goは［ゴー］と伸ばさずに［**ゴウ**］のように発音しましょう。shopping
は、［ショッピング］のように小さな［ッ］は入れず、語尾のg音は［グ］と
はっきり発音せず空気が鼻から抜けるような音です。

💬 **こんなに使える！**

☐ 1 **Let's go swimming.**
［**レッゴゥス**ウィ**ミン**］

☐ 2 **Let's go fishing.**
［**レッゴゥフィ**シン］

☐ 3 **Let's go camping.**
［**レッゴゥキャン**ピン］

☐ 4 **Let's go hiking.**
［**レッゴゥハ**イキン］

☐ 5 **Let's go jogging.**
［**レッゴゥジョ**ギン］

話すためのポイント

　Let's go.は「行きましょう」という意味ですが、後ろに動詞のing形を続けるだけで、「〜しに行きましょう」と、行く目的を話すことができます。

　たとえば、Let's go shopping.（買い物に行きましょう）、Let's go swimming.（泳ぎに行きましょう）のように使います。go の後ろにtoを付けると、go to schoolのようにその後ろには場所が来ます。

1　泳ぎに行きましょう。

→ swimming は[スイミング]ではなく[ス**ウィ**ミン]のように発音します。

2　釣りに行きましょう。

→ fishing の発音は[フィッシング]と小さな[ッ]は入れません。

3　キャンプに行きましょう。

4　ハイキングに行きましょう。

5　ジョギングに行きましょう。

→ jog（ジョギングをする）

18

2×9
得意だ

I'm good × at～.
（～が得意です）

> ## *I'm good at singing.*
> ［アイム**グー**ダッ(トゥ)**ス**ィンギン］
> 歌うのが得意です。

•)) **発音のしかた**

good atは［グッド アット］と2語に分けて発音しません。goodのdとatのaをくっつけて、［**グー**ダッ(トゥ)］のように発音してみましょう。atのt音はほとんど消えて聞こえないときもあります。

🗩 **こんなに使える！**

□ 1 **I'm good at cooking.**
［アイム**グー**ダッ(トゥ)**ク**キン］

□ 2 **I'm good at dancing.**
［アイム**グー**ダッ(トゥ)**ダ**ンスィン］

□ 3 **I'm good at math.**
［アイム**グー**ダッ(トゥ)**マ**ス］

□ 4 **I'm good at playing the piano.**
［アイム**グー**ダッ(トゥ)プ**レ**イイン(グ)ダピ**ア**ノ］

□ 5 **I'm good at taking care of kids.**
［アイム**グー**ダッ(トゥ)**テ**イキン**ケ**アロヴ**キ**ッズ］

　I'm goodは「私は得意だ」という意味ですが、後ろにatと具体的な内容を続ければ、「〜が得意だ」という文になります。

　atの後ろにはcooking（料理をすること）やplaying the piano（ピアノを弾くこと）のように〜ingが続くこともあれば、math（数学、計算）やsports（スポーツ）など、名詞が続くこともあります。

1　料理が得意です。

2　ダンスが得意です。
→ dancing の da は[ダ]と[デ]の間くらいで発音しましょう。

3　数学が得意です。
→ math の th 音は、舌と上の歯を摩擦させる音です。

4　ピアノを弾くのが得意です。
→ play the piano のように、楽器の名前の前には the を付けましょう。

5　子供を扱うのは得意です。
→ take care of 〜（〜の世話をする、〜を扱う）、kid（子供）

---

haveの
本当の意味は？

haveは、I have a guitar.（ギターを持っています）のように、「持っている」という意味で覚えていることが多いですね。でも、haveは、I have a cold.（風邪をひいています）のように「持っている」という意味以外でも、いろいろな目的や場面、状況で使える便利な動詞なのです。

たとえば、ホテルに泊まりたいけれども、予約はしていない。ホテルのフロントで「部屋は空いていますか」とたずねたいときは、何と言ったらいいでしょうか。答えは簡単。Do you have a room?でOKです。「学校でDo you have a pen?は習ったけれど、Do you have a room?は習わなかった。こっちのほうが社会では役立ちそうだ」と思われる人も多いのではないでしょうか。

このように、haveの使い道は多彩です。haveは「持っている」というよりも、「一緒に存在する」というイメージの動詞なので、I had fun.（楽しかった）も「私は楽しみと一緒に存在した」、My room has a big sofa.（私の部屋には大きなソファーがあります）も「私の部屋はソファーと一緒に存在する」ということです。

どこでも使える 万能フレーズ

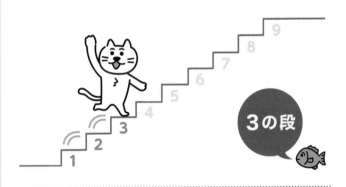

3の段

「やめて」と頼む〈Stop × ~ing.〉や、
程度を聞く〈How × 形容詞（副詞）?〉、
経験について聞く〈Have you × 過去分詞?〉など、
使い勝手のいいフレーズを覚えましょう。

🎧 Track 19 ~ 27

3×1 やめる

Stop × ～ing.
(～するのをやめなさい)

> ## Stop talking.
> [ス**タ**ッ(プ)**ト**ーキン]
> おしゃべりするのをやめなさい。

•)) **発音のしかた**

stopのp音は消えがちで、talkingにつながることがあります。talkingの語尾のgは[グ]とはっきり発音せず、息が鼻から抜け、舌が上の歯茎に付かず[**ト**ーキン]のように発音します。

💬 **こんなに使える！**

□ 1 **Stop crying.**
[ス**タ**ッ(プ)ク**ラ**イン]

□ 2 **Stop complaining.**
[ス**タ**ッ(プ)クンプ**レ**イニン]

□ 3 **Stop arguing.**
[ス**タ**ッ(プ)**ア**ーギュイン]

□ 4 **Stop teasing me.**
[ス**タ**ッ(プ)**ティ**ーズィン(グ)ミー]

□ 5 **Stop wasting time.**
[ス**タ**ッ(プ)**ウェ**イスティン(グ)**タ**イム]

🔍 **話すためのポイント**

　Stop.と1語で言えば、「やめなさい」という意味ですが、後ろに動詞の〜ing形を続ければ、「〜するのをやめなさい」という意味になります。

　たとえば、「話すのをやめなさい」と言いたければ、talk（話す）にingを付けて、Stop talking.、「泣くのをやめなさい」は、cry（泣く）にingを付けてStop crying.とします。

---

1 泣くのをやめなさい。

---

2 文句を言うのをやめなさい。
　→ complain（文句を言う）

---

3 口げんかをするのをやめなさい。
　→ argue（口げんかをする）

---

4 私をからかうのをやめて。
　→ tease（からかう）

---

5 時間を無駄にするのをやめなさい。
　→ waste（無駄にする、浪費する）

How × 形容詞（副詞）？

(どれくらい〜ですか)

How much is it?

[**ハウ**マッチイズィッ（トゥ）↘]

おいくらですか。

•)) **発音のしかた**

Howと形容詞（副詞）を両方強く発音しましょう。much is itは3語をつないで[**マ**ッチイズィッ（トゥ）]のように聞こえます。itのt音は小さな[ッ]のようになり、ほとんど聞こえないときもあります。

⇒) **こんなに使える！**

□ **1** **How** old is that castle?
[**ハウオ**ウォドゥイズダッ**キャ**ソォ↘]

□ **2** **How** big was it?
[**ハウビ**ッグワズィッ（トゥ）↘]

□ **3** **How** long does it take to get there?
[**ハウロ**ン（グ）ダズィッ**テ**イクトゥー**ゲ**ッデァ↘]

□ **4** **How** often do you go to the gym?
[**ハウオ**フンドゥーユー**ゴ**ウトゥーダ**ジ**ム↘]

□ **5** **How** soon can you finish it?
[**ハウス**ーンキャンニュー**フィ**ニシ（トゥ）↘]

　howは「どのくらい」という程度をたずねる言葉です。後ろに形容詞や副詞を続ければ、程度の内容についてたずねることができます。

　たとえば、How much is it?と言えば、「それはどのくらい多い（お金）ですか」、つまり「（値段は）おいくらですか」ということです。How old 〜?は人が対象であれば「（年齢は）おいくつですか」、物が対象であれば「どのくらい古いのですか」ということです。

1 あの城はどれくらい古いのですか。
→ castle（城）

2 それはどれくらい大きかったですか。

3 そこに着くのにどれくらいの時間がかかりますか。
→ take（時間がかかる）、get（到着する）

4 どれくらい頻繁にジムに行っていますか。
→ often（頻繁に）

5 どれくらい早くそれを終えることができますか。
→ soon（すぐに、間もなく）

3×3
憶測する

I wonder × if〜.
（〜かなあ）

I wonder if you can come.
［アイ**ワ**ンダーイフューキャン**カ**ム］
あなたは来られるかなあ。

•)) **発音のしかた**

動詞のwonderを強く発音しましょう。英語では通常「内容語（動詞、名詞、形容詞、副詞）」を強く、「機能語（前置詞、接続詞など）」は軽く発音します。if youはつながって［イフュー］のように聞こえます。

こんなに使える！

□ 1 **I wonder if it's true.**
［アイ**ワ**ンダーイフィッツトゥ**ル**ー］

□ 2 **I wonder if you like seafood.**
［アイ**ワ**ンダーイフュー**ラ**イク**スィ**ーフードゥ］

□ 3 **I wonder where he works.**
［アイ**ワ**ンダーホエァヒー**ワ**ークス］

□ 4 **I wonder who she is.**
［アイ**ワ**ンダーフーシー**イ**ズ］

□ 5 **I wonder what happened to him.**
［アイ**ワ**ンダーホワッ**ハ**プンットゥーヒム］

wonderは「〜かなと思う」「疑問に思う」という意味の動詞です。後ろには「〜かどうか」という意味のifを使う〈if＋主語・動詞〉や、what（何）やwhy（なぜ）のような疑問詞を使う〈疑問詞＋主語・動詞〉が続きます。たとえば、「あなたが来られるのかどうかなあ（と思っています）」は、I wonder if you can come.です。直接Can you come?（来られる？）とたずねるより柔らかな響きがあります。

3の段

---

1 **それは本当かなあ。**
→ true（本当の）

---

2 **あなたはシーフードが好きなのかなあ。**

---

3 **彼はどこで働いているんだろう。**
→ work の wor はあまり口を開かずに発音しましょう。

---

4 **彼女は誰なんだろう。**

---

5 **彼に何が起こったんだろう。**
→ happen（起こる）

3×4

反対意見

I don't think × 主語・動詞.
（〜ではないと思います）

🎧 22

> **I don't think I can do it.**
> ［アイドウンティンクアイキャン**ドゥ**ーイッ（トゥ）］
> 私にはできないと思います。

•))) **発音のしかた**

I don'tは素早く軽く発音し、［アイドウン］や［アイロン］のように聞こえます。don'tの語尾のt音はほとんど聞こえないときもあります。thinkのthは舌を上下の歯の間に挟み、舌と上の歯を摩擦させます。

💬 **こんなに使える！**

□ 1 **I don't think** he'll come.
［アイドウンティンクヒーォ**カ**ム］

□ 2 **I don't think** that's a good idea.
［アイドウンティンクダッツァ**グ**ーダイ**ディ**ア］

□ 3 **I don't think** it's a bad thing.
［アイドウンティンクイッツァ**バ**ーッ**ティ**ン］

□ 4 **I don't think** it's that hard.
［アイドウンティンクイッツ**ダ**ッ（トゥ）**ハ**ードゥ］

□ 5 **I don't think** we should go out today.
［アイドウンティンクウィシュッ（ドゥ）**ゴ**ウ**ア**ウットゥ**デ**イ］

62

I think ～.は「～だと思います」と、自分の意見を控えめに伝える表現ですが、I don't think ～.は、相手の意見に対して「そうではないのでは?」という反対の見解を述べる表現です。日本語では、普通「～ではないと思います」と言いますが、英語では、I don't think ～.と、よくthink(思う)の方を否定します。I thinkの後ろを否定文にすると、深く考えた末の結論という響きがあり、強い主張に聞こえます。

1 **彼は来ないと思います。**
→ he'll は he will の短縮形。will は「～するだろう」という未来を表します。

2 **それはいい考えではないと思います。**

3 **それは悪いことではないと思います。**

4 **それはそんなに難しくないと思います。**
→ that (そんなに)、hard (難しい)

5 **今日は外出しないほうがいいと思います。**
→ should は「～したほうがいい」という軽い提案に使います。

3×5

経験を聞く

Have you × 過去分詞?

(〜したことがありますか)

> ### Have you been to New York?
> [ハヴュー**ビ**ントゥー**ニュ**ー**ヨ**ーク↗]
> ニューヨークに行ったことがありますか。

•)) **発音のしかた**

haveのhaは[ハ]と[ヘ]の間くらいの音です。v音は、上の歯を下唇に軽く乗せ、上の歯と下唇を摩擦させて発音します。Have youは2語をつないで[ハヴュー]のように発音しましょう。

💬 **こんなに使える!**

□ 1 **Have you been abroad?**
[ハヴュー**ビ**ンアブ**ロ**ードゥ↗]

□ 2 **Have you been here before?**
[ハヴュー**ビ**ンヒアビ**フォ**ー↗]

□ 3 **Have you had Indian food?**
[ハヴュー**ハ**ドゥ**イン**ディアン**フ**ードゥ↗]

□ 4 **Have you met Chris?**
[ハヴュー**メ**ットゥク**リ**ス↗]

□ 5 **Have you thought about that?**
[ハヴュー**ソ**ーラバウッ**ダ**ットゥ↗]

　「〜したことがありますか」と、相手の経験をたずねる場合によく使う表現です。Have youの後ろには過去分詞を使いましょう。〈have＋過去分詞（現在完了形）〉は過去から現在までのことを表すときに使います。

　beenはbeの過去分詞で、Have you been to 〜?は「〜に行ったことがありますか」と「〜に来たことがありますか」の両方に使います。

3の段

---

1 **海外に行ったことがありますか。**

→ abroad は「海外に」の意味なので、「〜に、〜へ」という意味の to は要りません。

---

2 **ここに来たことがありますか。**

---

3 **インド料理を食べたことがありますか。**

→ had は have の過去分詞。have は「食べる」「飲む」の意味。

---

4 **クリスに会ったことがありますか。**

→ met は meet の過去分詞。

---

5 **それについて考えたことがありますか。**

→ thought は think の過去分詞。

What × 名詞!
(本当に〜ですね!)

> # What a beautiful day!
> [ホワラ**ビュー**リフォ**デイ**]
> 本当にいい天気ですね!

•)) **発音のしかた**

What aは[ホワット ア]と2語に分けず、[ホワラ]のようになめらかに発音しましょう。beautifulのt音もWhat aのwhatのt音と同様に、[**ビュ**ーリフォ]と、ラ行の音のように聞こえるときもあります。

=) **こんなに使える!**

□ 1 **What a nice jacket!**
[ホワラ**ナ**イス**ジャ**ケッ(トゥ)]

□ 2 **What a difficult question!**
[ホワラ**ディ**フィカォトゥク**ウェ**スチュン]

□ 3 **What a coincidence!**
[ホワラコウ**イ**ンスィデンス]

□ 4 **What a fancy restaurant!**
[ホワラ**ファ**ンスィー**レ**ストゥラントゥ]

□ 5 **What an exciting game!**
[ホワランニク**サ**イリン**ゲ**イム]

　What a 〜!は感嘆文の形で、後ろに続く言葉の意味を強調するために使います。複数の名詞を強調したい場合は、aは付けません。
　What a beautiful day!のようにdayという名詞の前にbeautifulという形容詞が付く場合もあれば、What a coincidence!(本当に偶然ですね!)のように名詞だけが続く場合もあります。

1　本当に素敵なジャケットですね!

2　本当に難しい質問ですね!

3　本当に偶然ですね!
⇒ coincidence (偶然[の出来事])

4　本当におしゃれなレストランですね!
⇒ fancy (オシャレな、豪華な)

5　本当に白熱した試合ですね!
⇒ exciting (白熱した、興奮するような)

What kind × of〜?

（どんな〜が…ですか）

🎧 25

What kind of *food do you like?*

[ホワッ**カ**インドヴ**フー**（ドゥ）ドゥーユー**ライク**↘]

どんな食べ物が好きですか。

•)) **発音のしかた**

What kind ofは[ホワット カインド オブ]と3語に分けず、[ホワッ**カ**インドヴ]のように3語をつないで発音してみましょう。[ホワッ**カ**イナ]のように聞こえるときもあります。

💬 **こんなに使える！**

☐ **1** **What kind of music do you like?**
[ホワッ**カ**インドヴ**ミュ**ーズィックドゥーユー**ライク**↘]

☐ **2** **What kind of movies do you like?**
[ホワッ**カ**インドヴ**ムー**ヴィーズドゥーユー**ライク**↘]

☐ **3** **What kind of car do you drive?**
[ホワッ**カ**インドヴ**カー**ドゥーユードゥ**ライヴ**↘]

☐ **4** **What kind of job does she have?**
[ホワッ**カ**インドヴ**ジャ**ブダズシー**ハ**ヴ↘]

☐ **5** **What kind of person is he?**
[ホワッ**カ**インドヴ**パー**スンイズヒー↘]

---

1 どんな音楽が好きですか。

---

2 どんな映画が好きですか。
→ 「映画」は film とも言います。

---

3 どんな車に乗っていますか。

---

4 彼女はどんな仕事をしていますか。
→ 主語は she なので、do ではなく does を使います。

---

5 彼はどんな人ですか。
→ person（人）

3×8
難しい

It's hard × to～.
(～するのは大変です)

> ## It's hard to do it.
> [イッツ**ハー**ットゥ**ドゥ**ーイッ(トゥ)]
> それをするのは大変です。

•)) **発音のしかた**

hardは、口を大きく広げて発音しましょう。あまり口を開けないと、hear(聞く)の過去形(heard)に聞こえてしまいます。hardのd音は小さな[ッ]のようになり、toにつながります。

💬 **こんなに使える!**

□ 1 **It's hard to say.**
[イッツ**ハー**ットゥ**セイ**]

□ 2 **It's hard to understand.**
[イッツ**ハー**ットゥアンダス**タン**ドゥ]

□ 3 **It's hard to explain.**
[イッツ**ハー**ットゥイクスプ**レ**イン]

□ 4 **It's hard to tell the difference.**
[イッツ**ハー**ットゥ**テ**ォダ**ディ**ファレンス]

□ 5 **It's hard to finish it by tomorrow.**
[イッツ**ハー**ットゥ**フィ**ニッシッバイトゥ**マ**ロウ]

話すためのポイント

hardにはdifficultと同じような「難しい」という意味があります。It's hard.だけでも「難しい」「大変だ」という意味で使えますが、後ろにtoと動詞の原形を続けることで、「〜するのは難しい（大変だ）」と具体的にどうすることが難しいのかを表現することができます。

文頭のItは、後ろのto 〜（〜すること）を意味します。英語では、まず「難しい」と結論を言って、具体的なことは後で説明します。

1 何とも言えませんね。
→ 「言う（say）のは大変（難しい）」ということ。

2 わかりづらいですね。
→ 「理解する（understand）のは大変だ」ということ。

3 説明するのは大変です。
→ explain（説明する）

4 違いがわかりづらいです。
→ tell the difference は「違いを言う」、つまり「違いがわかる」。

5 それを明日までに終わらせるのは大変です。
→ by 〜（〜までに）

I was going to × 動詞.
（〜するつもりだったんだけど）

> ## I was going to meet her.
> ［アイワズゴウイントゥー**ミー**トゥハー］
> 彼女に会うつもりだったんだけど。

•))) **発音のしかた**

goingのように-ngで終わる語尾のg音は［グ］とはっきりとは発音しません。鼻から［ン］のように空気が抜ける感じで発音しましょう。Hong Kongも「ホングコング」ではなく「ホンコン」と言いますね。

➔) **こんなに使える！**

☐ **1** **I was going to** buy a new computer.
［アイワズゴウイントゥー**バイア**ニュー**クン**ピューラー］

☐ **2** **I was going to** go to Canada.
［アイワズゴウイントゥー**ゴ**ウトゥー**キャ**ナダ］

☐ **3** **I was going to** call him last night.
［アイワズゴウイントゥー**コー**リムラス（トゥ）**ナイ**（トゥ）］

☐ **4** **I was going to** message you yesterday.
［アイワズゴウイントゥー**メ**ッスィジューィ**エ**スタデイ］

☐ **5** **I was going to** clean my room.
［アイワズゴウイントゥーク**リー**ンマイ**ルー**ム］

🔍 話すためのポイント

I'm going to 〜.は「〜するつもりです」と、未来の行動について表現するときに使います。

一方、I'm (I am)をI wasと過去形にしてI was going to 〜.とすれば、「〜するつもりでした（でも、しなかった）」と、する気はあったのだけれども、実現しなかったことを伝えることができます。

1 新しいコンピュータを買うつもりだったんだけど。

2 カナダに行くつもりだったんだけど。
→ Canada の発音に注意です。最初の音節を強く発音しましょう。

3 昨日の夜、彼に電話するつもりだったんだけど。
→ call（電話する）

4 昨日あなたにメッセージを送るつもりだったんだけど。
→ message（メッセージ[を送る]）

5 部屋を掃除するつもりだったんだけど。
→ clean（掃除する）

How old are you?
は使い方に注意！

　みなさんは、「失礼ですが、おいくつですか」と年齢をたずねられたことはありませんか。日本語では初対面でさえもあり得る質問かもしれません。「あなたは何歳ですか」とたずねる文は、英語ではHow old are you?だと学校で教わります。確かにそうなのですが、英語では性別に関係なく大人同士で年齢をたずねることはほとんどありません。

　日本語では、年齢が1歳でも違うと言葉遣いを変えるのが一般的です。同じ年に生まれていても、3月生まれか4月生まれかで学年が違うと、1カ月しか違わないのに言葉遣いを変える文化ですから、年齢がとても気になります。

　それに対して、英語では、姉も妹もsister、兄も弟もbrotherです。妹や弟が年上の姉や兄を名前で呼びます。職場でも肩書や年齢に関係なく、相手を名字ではなく下の名前で呼び合うこともよくあります。先輩後輩もお互いに「you」と「me」の関係です。英語圏の人たちが年齢差をまったく意識していないわけではありませんが、日本人ほど年齢差に関心がないのです。

気持ちを伝える フレーズ

4の段

希望を伝える〈I'd like to × 動詞.〉、
嬉しいと言う〈I'm glad × 主語・動詞.〉、
お祝いの〈Congratulations × on 〜!〉など、
自分の気持ちを相手に伝える
フレーズを覚えましょう。

🎧 Track **28 〜 36**

🎧 28

I'd like to × 動詞.
（〜したいです）

> ## I'd like to have some coffee.
> [アイドゥ**ライ**クトゥー**ハ**ヴサム**カ**ーフィー]
> コーヒーが飲みたいです。

•)) **発音のしかた**

I'd like to（〜したいです）とI like to（〜することが好きです）の発音を
区別しましょう。I'dの'dを忘れないように発音しましょう。haveのaは
[ア]と[エ]の間くらいで発音します。

ヨ) **こんなに使える！**

☐ **1** **I'd like to** have the New York steak.
[アイドゥ**ライ**クトゥー**ハ**ヴダ**ニュ**ー**ヨ**ークス**テ**イク]

☐ **2** **I'd like to** see you tomorrow.
[アイドゥ**ライ**クトゥー**スィ**ーユートゥ**モ**ロウ]

☐ **3** **I'd like to** check in, please.
[アイドゥ**ライ**クトゥー**チェッキ**ンプ**リ**ーズ]

☐ **4** **I'd like to** go with you.
[アイドゥ**ライ**クトゥー**ゴ**ウウィデュー]

☐ **5** **I'd like to** pay with cash.
[アイドゥ**ライ**クトゥー**ペ**イウィドゥ**キャ**ッシュ]

I'd like to 〜.は「〜したい」と相手に自分の希望を伝える表現で、I want to 〜.の丁寧な言い方です。レストランなどでの注文の表現としても使えます。I'dはI wouldの短縮形です。文末にpleaseを付けるとさらに丁寧に聞こえます。特に初対面の人との会話や、かしこまった場面での会話にはとても便利な表現です。toの後ろには動詞の原形を使います。haveは「食べる」や「飲む」という意味でも使えます。

1 ニューヨークステーキを食べたいです。
→ steak（ステーキ）の発音は［ス**テ**イク］です

2 明日あなたにお会いしたいです。

3 チェックインをお願いします。

4 あなたと一緒に行きたいです。

5 現金で支払いたいです。
→ pay with cash（現金で支払う）

4×2
嬉しい

I'm glad × 主語・動詞.

(〜して嬉しいです)

> ### *I'm glad you like it.*
> [アイムグ**ラ**ッデュー**ラ**イキッ(トゥ)]
> 気に入ってもらえて嬉しいです。

•)) **発音のしかた**

gladのaは[ア]と[エ]の間くらいの音で発音しましょう。gladとyou、likeとitは、それぞれ2語をつないで、[グ**ラ**ッデュー](または[グ**ラ**ッジュー])、[**ラ**イキッ(トゥ)]のように発音します。

💬 **こんなに使える!**

☐ **1** **I'm glad** you are here.
[アイムグ**ラ**ッデュア**ヒ**ア]

☐ **2** **I'm glad** you feel better.
[アイムグ**ラ**ッデュー**フィ**ーₒ**ベ**ラー]

☐ **3** **I'm glad** it's sunny today.
[アイムグ**ラ**ッディッツ**サ**ニートゥ**デ**イ]

☐ **4** **I'm glad** they won the game.
[アイムグ**ラ**ッデイ**ワ**ンダ**ゲ**イム]

☐ **5** **I'm glad** you could come.
[アイムグ**ラ**ッデュー**ク**ッ(ドゥ)**カ**ム]

I'm glad 〜.は、「〜してうれしい」「〜してよかった」という喜びや安堵の気持ちを表す表現です。

I'm gladの後ろには〈主語＋動詞〉が続きます。たとえば、you like it（あなたはそれが好き）を続けると「あなたがそれを気に入ってくれてうれしい（よかった）」という意味になります。

---

1 あなたがここにいてくれて嬉しいです。

---

2 あなたが体調がよくなってよかったです。
➡ feel better（体調［気分］がよくなる）

---

3 今日は天気がよくてよかったです。

---

4 彼らが試合に勝って嬉しい。
➡ won［**ワン**］は win（勝つ）の過去形。

---

5 あなたが来ることができてよかった。
➡ could は can（〜できる）の過去形。

I'm happy × to～.
（喜んで～します）

🎧 30

> ### *I'm happy to help you.*
> [アイム**ハ**ピートゥー**ヘ**ォピュー]
> 喜んでお手伝いします。

•))) **発音のしかた**

happyは、外来語でも「ハッピー」と言いますが、実際の英語では、haは [ハ]と[ヘ]の中間音です。また、[ハッピー]のように小さい[ッ]は入らず、単にhaを強く発音するだけで大丈夫です。

💬 **こんなに使える！**

☐ 1 **I'm happy to drive you home.**
[アイム**ハ**ピートゥードゥ**ライ**ビュー**ホ**ウム]

☐ 2 **I'm happy to do it for you.**
[アイム**ハ**ピートゥー**ドゥ**ーイッ(トゥ)フォユー]

☐ 3 **I'm happy to work with you.**
[アイム**ハ**ピートゥー**ワ**ークウィデュー]

☐ 4 **I'm happy to see you tomorrow.**
[アイム**ハ**ピートゥー**スィ**ーユートゥ**マ**ロウ]

☐ 5 **I'm happy to answer any questions.**
[アイム**ハ**ピートゥー**ア**ンサー**エ**ニーク**ウェ**スチュンズ]

話すためのポイント

　I'm happy.は「私は嬉しい」という意味ですが、後ろにtoと動詞の原形を続ければ、「〜して嬉しい」、つまり「喜んで〜します」という、頼みごとに対して快諾する表現になります。

　I'm happy to be here.と言えば、「ここにいて嬉しい」ということなので、「（パーティーなどに）お招きいただきありがとうございます」という表現として使えます。

1 喜んで車でお送りします。
→ drive には「運転する」以外に「（人を）車に乗せる」という意味があります。

2 喜んであなたのためにそれをします。

3 あなたとお仕事ができて嬉しいです。

4 明日お会いできるのが楽しみです。

5 どんなご質問にも喜んでお答えします。
→ any は、肯定文では「どんな〜でも」という意味になります。

Congratulations × on～!
（～おめでとうございます！）

> ## Congratulations on your marriage!
> ［クングラチュ**レ**イシュンズオンニョー**メ**アリッジ］
> ご結婚おめでとうございます！

•)) **発音のしかた**

Congratulationsは、tionsの直前にアクセントがあるので、［コングラチュレーションズ］ではなく、語頭のconや語尾のtionsは、口をあまり開けず軽く［クングラチュ**レ**イシュンズ］のように発音します。

⊃) **こんなに使える！**

□ 1 **Congratulations on your new baby!**
［クングラチュ**レ**イシュンズオンニョー**ニュ**ー**ベ**イビー］

□ 2 **Congratulations on your promotion!**
［クングラチュ**レ**イシュンズオンニョープロ**モ**ウシュン］

□ 3 **Congratulations on your victory!**
［クングラチュ**レ**イシュンズオンニョー**ヴィ**クトゥリー］

□ 4 **Congratulations on passing the exam!**
［クングラチュ**レ**イシュンズオンパスィン（グ）ディイグ**ザ**ム］

□ 5 **Congratulations on your graduation!**
［クングラチュ**レ**イシュンズオンニョーグラジュ**エ**イシュン］

　Congratulations!は「おめでとうございます！」というお祝いの表現です。語尾のsを忘れないようにしましょう。「〜おめでとう！」と具体的にお祝いの内容を言う場合は、後ろにon 〜を続けます。

　たとえば、your marriage（あなたの結婚）を続ければ、「ご結婚おめでとう！」となります。「結婚」はmarriageです。weddingは「結婚式」のことなので混同しないようにしましょう。

4
の
段

1 ご出産おめでとうございます！

2 ご昇進おめでとうございます！
　→ promotion（昇進）

3 優勝おめでとうございます！
　→ victory（優勝）

4 試験合格おめでとうございます！
　→ exam（試験）は examination の短縮語です。

5 ご卒業おめでとうございます！
　→ graduation（卒業）

4×5
確信する

I'm sure × 主語・動詞.
（きっと～だよ）

I'm sure you can do it.
[アイム**ショ**ァユーキャン**ドゥ**ーイッ（トゥ）]
君はきっとできるよ。

•)) 発音のしかた

sureは[シュアー]というよりも、[**ショ**ァ]が実際に近い発音です。can
は軽く[キャン]と発音します。否定のcan'tは[**キャ**ーン（トゥ）]のよう
に強く長く発音することで、canと区別します。

💬 こんなに使える！

☐ 1 **I'm sure you'll win.**
[アイム**ショ**ァユーォ**ウィン**]

☐ 2 **I'm sure he'll agree.**
[アイム**ショ**ァヒーォアグ**リー**]

☐ 3 **I'm sure she'll like it.**
[アイム**ショ**ァシーォ**ライ**キッ（トゥ）]

☐ 4 **I'm sure you're right.**
[アイム**ショ**ァヨー**ライ**（トゥ）]

☐ 5 **I'm sure that's a great movie.**
[アイム**ショ**ァダッツァグ**レイ**（トゥ）**ムー**ヴィ]

sureは「確信している」という意味の形容詞です。I'm sure.と言うだけで「間違いないよ」「確信できるよ」という意味になりますが、後ろに主語と動詞を続けると、「きっと〜だよ」と、確信する内容を詳しく述べることができます。

たとえば、I'm sure you can do it.と言えば、「君はきっとできるよ」と、相手を励ます表現になります。

1 君はきっと勝つよ。
→ you'll は you will の短縮形。will (〜するだろう)の後ろは動詞の原形です。

2 彼はきっと同意するよ。
→ agree (同意する、賛成する)

3 彼女はきっとそれを気に入るよ。
→ she'll は she will の短縮形。

4 君はきっと正しいよ。
→ you're は you are の短縮形。

5 それはきっとすばらしい映画だよ。

Good thing × 主語・動詞.

（〜でよかったね）

> *Good thing you got a new job.*
> [**グッティ**ンユー**ガ**ラ**ニュー**ジャブ]
> 新しい仕事に就けてよかったね。

•)) 発音のしかた

Goodのd音は小さな[ッ]のようになりthingにつながります。thingのthは舌を上下の歯の間に挟み、発音時に舌を上の歯と摩擦させながら、口の中に素早く引きます。thingのgはほとんど聞こえません。

🗨 こんなに使える！

□ **1** **Good thing we have umbrellas.**
[**グッティ**ンウィ**ハ**ヴアンブ**レ**ラズ]

□ **2** **Good thing it didn't rain.**
[**グッティ**ンイッディドゥン**レ**イン]

□ **3** **Good thing you got home safely.**
[**グッティ**ンユー**ガッホ**ウム**セ**イフリー]

□ **4** **Good thing you could make it.**
[**グッティ**ンユークッ（ドゥ）**メ**イキッ（トゥ）]

□ **5** **Good thing I have a friend like you.**
[**グッティ**ンアイ**ハ**ヴァフ**レ**ン（ドゥ）ライ**キュー**]

話すためのポイント

　Good thingの後ろに主語と動詞を続けると、「〜でよかった」と、安堵した気持ちを表す表現になります。「〜すること(したこと)はいいこと(good thing)だ」、つまり「〜でよかった」ということです。文頭にIt's aが省略されていると考えましょう。たとえば、Good thing the weather is nice.と言えば、「天気がよくてよかったね(ラッキーだったね、助かった)」と、ほっとした気持ちを表すことができます。

---

1 傘を持って来てよかったね。

---

2 雨が降らなくてよかったね。
　➡ 天候について言うときは it を主語にします。

---

3 無事に帰宅できてよかったね。
　➡ get home (帰宅する、get は「到着する」)、safely (安全に、無事に)

---

4 あなたが都合がついてよかった。
　➡ make it (都合がつく、間に合う)

---

5 あなたのような友達がいてよかった。
　➡ like 〜 (〜のような)

4×7

残念だ

Too bad × 主語・動詞.

（～で残念です）

> ## Too bad she couldn't come.
>
> [トゥー**バ**ドゥシークドゥン(トゥ)**カ**ム]
>
> 彼女が来られなくて残念です。

•)) **発音のしかた**

badのaは[ア]と[エ]の間くらいの音で発音しましょう。日本語の発音で[バッド]と発音すると、bud(芽、つぼみ)のように聞こえ、意味が伝わらないこともあります。

=)、 **こんなに使える！**

☐ 1 **Too bad** he has to go home early.
[トゥー**バ**ドゥヒーハストゥー**ゴウホウム　ア**ーリー]

- -

☐ 2 **Too bad** you lost the game.
[トゥー**バ**ドゥユー**ロ**スッダ**ゲ**イム]

- -

☐ 3 **Too bad** you missed the concert.
[トゥー**バ**ドゥユー**ミ**スッダ**カ**ンサー(トゥ)]

- -

☐ 4 **Too bad** you don't feel well.
[トゥー**バ**ドゥユードウン**フィ**ーォ**ウェ**ォ]

- -

☐ 5 **Too bad** I can't see you today.
[トゥー**バ**ドゥアイ**キャ**ントゥ**スイ**ーユートゥ**デ**イ]

　Too bad.だけで「残念です」という意味ですが、Too badの後ろに具体的な内容を主語と動詞を使って続けると、「～で残念です」という意味になります。Too badの後ろには、ネガティブな内容が来ます。Good thing（～でよかった）と反対の意味の表現だと言えます。

　たとえば、Too bad I can't see you today.と言えば、「今日あなたに会えなくて残念です」と、がっかりした気持ちを表すことができます。

4の段

1 彼が早く帰らないといけないのは残念です。
　→ early（早く）

2 あなたが試合に負けたのは残念です。
　→ lost は lose（負ける）の過去形です。

3 あなたがコンサートに行けなかったのは残念です。
　→ miss（見逃す、見落とす）

4 あなたが体調がよくなくて残念です。
　→ feel well（体調が良い）

5 今日あなたにお会いできなくて残念です。

I'm worried × about～.

（～のことが心配です）

🎧 35

> # I'm worried *about your health*.
>
> ［アイム**ワ**ーリーダバウ(トゥ)ヨー**ヘ**ォス］
>
> あなたの健康のことが心配です。

•)) **発音のしかた**

worriedのwoは［ウォ］というより、［ワ］とあまり口を開かずに発音します。worried aboutは［**ワ**ーリーダバウ(トゥ)］のようにつないで発音しましょう。healthのthは舌と上の歯を摩擦させる音です。

💬 **こんなに使える！**

☐ **1** **I'm worried** about my sister.
［アイム**ワ**ーリーダバウッマイ**スィ**スター］

☐ **2** **I'm worried** about my future.
［アイム**ワ**ーリーダバウッマイ**フュ**ーチャー］

☐ **3** **I'm worried** about the result.
［アイム**ワ**ーリーダバウッダリ**ザ**ォトゥ］

☐ **4** **I'm worried** about tomorrow's test.
［アイム**ワ**ーリーダバウットゥ**マ**ロウズ**テ**ストゥ］

☐ **5** **I'm worried** about the weather.
［アイム**ワ**ーリーダバウッダ**ウェ**ダー］

1 妹のことが心配です。

→ sister は「姉」にも「妹」にも使います。

2 自分の将来のことが心配です。

→ future（将来、未来）

3 結果のことが心配です。

→ result（結果）

4 明日のテストのことが心配です。

5 天気のことが心配です。

I'm tired × of～.

(～にはもううんざりです)

> ### I'm tired of rain.
> [アイム**タ**イアドヴ**レ**イン]
> 雨にはもううんざりです。

•))) **発音のしかた**

形容詞のtiredと名詞のrainを強く発音しましょう。tired ofは2語がつながって[**タ**イアドヴ]のように聞こえます。rainのr音を発音するときには、両唇を丸めて発音しましょう。

こんなに使える!

□ 1 **I'm tired of the noise.**
[アイム**タ**イアドヴダ**ノ**イズ]

□ 2 **I'm tired of the excuses.**
[アイム**タ**イアドヴディエクス**キュ**ースィズ]

□ 3 **I'm tired of his complaints.**
[アイム**タ**イアドヴヒズクンプ**レ**インツ]

□ 4 **I'm tired of eating pasta.**
[アイム**タ**イアドヴ**イ**ーティン**パ**スタ]

□ 5 **I'm tired of working every day.**
[アイム**タ**イアドヴ**ワ**ーキン(グ)**エ**ヴリ**デ**イ]

I'm tired.は、「疲れている」という意味でよく使いますが、「飽き飽きしている」「うんざりだ」という意味もあります。後ろにof 〜と具体的な物事を付け足すと、「〜にはうんざりだ」「〜にはもう飽き飽きしている」という意味になります。ofの後ろには名詞や動名詞（〜ing）を使います。「〜で疲れている」はI'm tiredの後ろにfrom 〜を使いましょう。

4の段

1 騒音にはもううんざりです。
→ noise（騒音）

2 言い訳にはもううんざりです。
→ excuse［エクス**キュ**ース］（言い訳）

3 彼の文句にはもううんざりです。
→ complaint（文句、苦情）

4 パスタを食べるのはもううんざりです。

5 毎日働くのはもううんざりです。

「発音」も大切な英語力である

　Good thing ～(～でよかったね)のgoodを発音するときは、[グッド]ではなく[グッ]と、語尾のdは小さな[ッ]のように変化します。例えば、Good job!(よくできました！)も[グッド ジョブ]ではなく[**グッジャーブ**]、Goodbye.(さようなら)も[グッドバイ]ではなく[**グッバイ**]のように発音します。決して雑に発音しているわけではなく、これが自然な英語の発音なのです。

　日本語でも、たとえば「学校」を「学(ガク)」と「校(コウ)」に分けて、文字通りに[ガクコウ]とは発音しませんね。英語と同じように[ガク]の[ク]は小さな[ッ]になり[ガッコウ]と発音します。「陸橋」も[リクキョウ]ではなく[リッキョウ]、「雑誌」も[ザツシ]ではなく[ザッシ]が正しい発音です。

　英語も文字通りに発音するのではなく、音が消えてしまうというルールを知っておくと、伝わりやすい発音になり、リスニングの力も向上します。既刊の『英語がどんどん聞き取れる！ リスニング大特訓』(Jリサーチ出版)もぜひ参考にしてみてください。

相手の考えを聞く
フレーズ

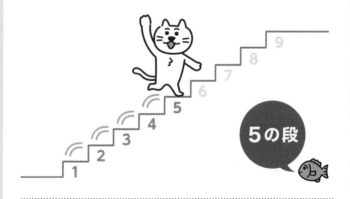

5の段

許可を求める〈May I × 動詞?〉、
依頼する〈Could you × 動詞?〉、
提案する〈How about × 〜ing?〉など、
コミュニケーションの基礎になる
フレーズを練習しましょう。

🎧 Track **37 〜 45**

37

5×1

許可をとる

May I × 動詞?

（〜してもよろしいですか）

May I ask you a question?

[メイアイ**ア**スキューアク**ウェ**スチュン↗]

おたずねしてもよろしいですか。

•)) 発音のしかた

May Iは[メーアイ]ではなく[メイアイ]のように発音します。question
は[ク**ウェ**スチュン]のようにwの音が入ります。[クエスチョン]のよう
にならないように注意しましょう。

⋑ こんなに使える！

□ **1** **May I call you tomorrow?**
[メイアイ**コ**ーォユートゥ**マ**ロウ↗]

□ **2** **May I open the window?**
[メイアイ**オ**ウプンダ**ウィ**ンドウ↗]

□ **3** **May I use the bathroom?**
[メイアイ**ユ**ーズダ**バ**ス**ル**ーム↗]

□ **4** **May I borrow your pen?**
[メイアイ**バ**ロウヨー**ペ**ン↗]

□ **5** **May I help you?**
[メイアイ**ヘ**ォピュー↗]

May I 〜?は「〜してもよろしいですか」と、人に許可を求める丁寧な表現です。Can I 〜?も同じように使えますが、May I 〜?のほうがより丁寧な響きがあります。May IやCan Iの後ろには動詞の原形が続きます。許可の内容がお互いにはっきりしている場合はMay I?(よろしいですか)だけでも伝わります。May I help you?は、「お手伝いしてもよろしいでしょうか」、つまり、「お手伝いしましょうか」とか、「いらっしゃいませ」という店員のあいさつとしても使います。

1 明日お電話してもよろしいですか。
➡ call (電話する)

2 窓を開けてもよろしいですか。

3 お手洗いを使ってもよろしいですか。
➡ bathroom (お手洗い、トイレ)

4 ペンをお借りしてもよろしいですか。
➡ borrow (借りる)

5 お手伝いしましょうか。

38

5×2
依頼する

Could you × 動詞?
(〜していただけませんか)

> ## Could you help me?
> [クッジューヘォ(プ)ミー↗]
> 手伝っていただけませんか。

🔊 **発音のしかた**

Could youは2語をつないで[クッジュー]のように発音しましょう。また、動詞のhelpやtellは、それぞれ、[ヘルプ]ではなく[ヘォプ]、[テル]ではなく[テォ]のように発音します。

💬 **こんなに使える!**

□ 1 **Could you turn on the light?**
[クッジューターンノンダライ(トゥ)↗]

□ 2 **Could you hold this box for me?**
[クッジューホウォディスバックスフォミー↗]

□ 3 **Could you get me that book?**
[クッジューゲッミーダッブック↗]

□ 4 **Could you tell me how to do it?**
[クッジューテォミーハウトゥードゥーイッ(トゥ)↗]

□ 5 **Could you wait for a minute?**
[クッジューウェイ(トゥ)フォアミニッ(トゥ)↗]

Could you ～?は「～していただけませんか」と、相手に何かを頼む表現です。Can you ～?も同じように使えますが、Could you ～?のほうがより丁寧です。日本語と違って、この丁寧表現は家族や友人など親しい人たちに対しても使うことがあります。

Could youの後ろには動詞の原形を使いましょう。Would you ～?やWill you ～?も依頼の表現です。

1 電気をつけていただけませんか。
→ turn on（[電気など]をつける）。「消す」は turn off です。

2 この箱を持っていただけませんか。
→ hold（[手に]持っておく）

3 その本を取っていただけませんか。

4 そのやり方を教えていただけませんか。
→ how to ～（～のしかた）

5 ちょっと待っていただけませんか。
→ for a minute（ちょっと、少しの間）

5の段

How about × ～ing?
(～するのはどうですか)

🎧 39

> ### How about eating out tonight?
> [ハウアババウッ**イ**ーリン**ガ**ウットゥナイ(トゥ)↘]
>
> 今夜、外食するのはどうですか。

•)) **発音のしかた**

aboutのt音は小さな[ッ]のようになり、ほとんど聞こえないこともあります。eatingのt音はラ行の音のようになり、outのt音はほとんど消え、eating outは[**イ**ーリン**ガ**ウッ]のように聞こえます。

💬 **こんなに使える！**

☐ **1** How about playing tennis?
[ハウアバウップ**レ**イイン**テ**ニス↘]

☐ **2** How about taking a walk?
[ハウアバウッ**テ**イキンガ**ウォ**ーク↘]

☐ **3** How about going for a drive?
[ハウアバウッ**ゴ**ウインフォアドゥ**ラ**イヴ↘]

☐ **4** How about putting on some music?
[ハウアバウッ**プ**リンオンサム**ミュ**ーズィック↘]

☐ **5** How about talking about it over lunch?
[ハウアバウッ**ト**ーキンガバウリッ**オ**ウヴァ**ラ**ンチ↘]

1　テニスをするのはどうですか。

2　散歩するのはどうですか。
　➡ take a walk（散歩する）

3　ドライブに行くのはどうですか。
　➡ go for a drive（ドライブに行く）。go to を使わないように。

4　何か音楽をかけるのはどうですか。
　➡ put on music（音楽をかける）

5　お昼ご飯を食べながら話すのはどうですか。
　➡ over lunch（お昼ご飯を食べながら）

Why don't you × 動詞?
(〜してはどうですか)

Why don't you come in?

[ホワイドウンチュー**カミ**ン↘]

入って来ませんか。

•)) **発音のしかた**

don'tとyouは[ドウンチュー]のように2語をつないで発音しましょう。また、文末は下げ調子で発音します。come inも[カム イン]ではなく、[**カミ**ン]のように2語がつながって聞こえます。

⑤ **こんなに使える!**

□ **1** **Why don't you sit down?**
[ホワイドウンチュー**スィッダ**ウン↘]

□ **2** **Why don't you ask her for help?**
[ホワイドウンチュー**ア**スカーフォー**ヘ**ォプ↘]

□ **3** **Why don't you try it?**
[ホワイドウンチュートゥ**ライ**イッ(トゥ)↘]

□ **4** **Why don't you have some coffee?**
[ホワイドウンチュー**ハ**ヴサム**カ**ーフィー↘]

□ **5** **Why don't you get some sleep?**
[ホワイドウンチュー**ゲッ**ツァムス**リ**ープ↘]

Why don't you ～?は、文字通りに「なぜ～しないのですか」という意味でも使いますが、「なぜ～しないのですか」、つまり「～してはどうですか」と、提案したり勧めたりするときに使う定番表現でもあります。

後ろには動詞の原形を使いましょう。文末は下げ調子で発音しましょう。

5の段

1 座りませんか。

---

2 彼女に手伝ってもらうよう頼んだらどうですか。
→ ask 人 for～（人に～を求める）

---

3 試してみたらどうですか。

---

4 コーヒーをお飲みになりませんか。
→ have は「食べる」や「飲む」という意味でも使います。

---

5 少し寝たらどうですか。
→ get some sleep は「少し寝て休む」という意味です。

5×5 誘う

Would you like × to 〜?
(〜しませんか)

> **Would you like to try some?**
> [ウッジュー**ライ**クトゥートゥー**ライサ**ム ↗]
> ちょっと食べてみませんか。

•))) 発音のしかた

Would youは2語をつないで[ウッジュー]のように発音しましょう。w音は日本語の[ウ]よりも唇を丸めて発音します。tryのtrは1つの音だと思って、tとrを素早く同時に発音してみましょう。

🗩 こんなに使える!

☐ 1 **Would you like** to go to the beach?
[ウッジュー**ライ**クトゥー**ゴ**ウトゥーダ**ビー**チ ↗]

☐ 2 **Would you like** to come over to my house?
[ウッジュー**ライ**クトゥー**カ**ム**オ**ウヴァートゥーマイ**ハ**ウス ↗]

☐ 3 **Would you like** to go shopping with me?
[ウッジュー**ライ**クトゥー**ゴ**ウ**シャ**ピン(グ)ウィドゥミー ↗]

☐ 4 **Would you like** to have some more tea?
[ウッジュー**ライ**クトゥー**ハ**ヴサムモァ**ティー** ↗]

☐ 5 **Would you like** to use my PC?
[ウッジュー**ライ**クトゥー**ユー**ズマイ**ピー**ス**ィー** ↗]

🔍 **話すためのポイント**

　Would you like 〜?はDo you want 〜?(〜がほしいですか)の丁寧な表現です。後ろにtoと動詞の原形を続けWould you like to 〜?とすれば、Do you want to 〜?(〜したいですか)の丁寧な表現として使えます。

　日常会話では、「〜しませんか」とか「〜するのはどうですか」と、相手を誘ったり、行動を促したりする表現としてよく使われます。

5の段

1 ビーチに行きませんか。

→ 日本語で「海に行く」は、通常 go to the beach と言います。

2 私の家に来ませんか。

→ come over (やって来る)

3 私と買い物に行きませんか。

4 紅茶をもう少しいかがですか。

→ have は「飲む」や「食べる」の意味で使えます。

5 私のパソコンを使いませんか。

→ 「パソコン」は和製英語です。PC を使いましょう。

Are you ready × to 〜?
(〜する準備はできていますか)

> ### Are you ready to go?
> [アーユー**レ**ディートゥー**ゴ**ウ↗]
> 出かける準備はできていますか。

•)) 発音のしかた

readyのr音は、日本語のラ行の音とよく間違えて発音されます。英語のr音は、両唇を丸めると簡単に発音できます。発音するときに、舌先を上の歯茎に付けないようにするのがポイントです。

こんなに使える!

□ **1** **Are you ready** to order?
[アーユー**レ**ディートゥー**オ**ーダー ↗]

□ **2** **Are you ready** to eat?
[アーユー**レ**ディートゥー**イ**ートゥ↗]

□ **3** **Are you ready** to listen?
[アーユー**レ**ディートゥー**リ**ッスン↗]

□ **4** **Are you ready** to cook?
[アーユー**レ**ディートゥー**ク**ック↗]

□ **5** **Are you ready** to start working?
[アーユー**レ**ディートゥース**タ**ー(トゥ)**ワ**ーキン↗]

🔍 話すためのポイント

　相手に行動の準備ができているかどうかを確認するときに使える
フレーズです。readyは「準備ができている」という意味の形容詞です。
　Are you ready?だけでも「準備はできていますか」「用意はいい
か」という意味で使えますが、後ろにtoと動詞を続ければ、「～する準
備はできていますか」という意味で、さまざまな場面で使うことがで
きます。

1　ご注文の準備はよろしいですか。

　➡ 店員が客にたずねるのに使う定番フレーズ。order（注文する）

5
の
段

2　食べる準備はできていますか。

3　聞く準備はできていますか。

4　料理をする準備はできていますか。

5　仕事を始める準備はできていますか。

　➡ start working（仕事を始める、仕事に取りかかる）

What do you think × of 〜?

（〜についてどう思いますか）

> ## What do you think of my idea?
>
> [ホワッドゥーユー**ティン**コヴマイアイ**ディ**ア↘]
>
> 私の考えについてどう思いますか。

•))) **発音のしかた**

What do youは3語をつないで[ホワッドゥーユー]のように発音しましょう。または、t音がラ行の音のようになり、[ホワルユ]と聞こえるときもあります。think ofも2語をつないで発音しましょう。

⊃) **こんなに使える！**

□ **1** **What do you think of this hat?**
[ホワッドゥーユー**ティン**コヴディス**ハ**ットゥ↘]

□ **2** **What do you think of that restaurant?**
[ホワッドゥーユー**ティン**コヴダッ（トゥ）**レ**ストゥラントゥ↘]

□ **3** **What do you think of your new boss?**
[ホワッドゥーユー**ティン**コヴヨー**ニュ**ー**ボ**ス↘]

□ **4** **What do you think of online meetings?**
[ホワッドゥーユー**ティン**コヴ**オン**ラ**ミ**ーティングズ↘]

□ **5** **What do you think of what he said?**
[ホワッドゥーユー**ティン**コヴホワッヒー**セ**ッドゥ↘]

What do you think?だけで「どう思いますか」という意味で使います。「〜についてどう思いますか」と、相手が思う内容についてたずねたいときは、後ろにofとその内容を続けます。

「どう思う？」なので「どう」につられて、howを使ってHow do you think?と言わないように注意しましょう。

1 **この帽子についてどう思いますか。**

→ hat は[ハット]と[ヘット]の間くらいで発音してみましょう。

2 **あのレストランについてどう思いますか。**

3 **新しい上司についてどう思いますか。**

→ boss は[バス]のように聞こえるときもあります。

4 **オンライン会議についてどう思いますか。**

5 **彼が言ったことについてどう思いますか。**

→ what he said (彼が言ったこと)

Would you mind × 〜ing?

（〜していただけませんか）

🎧44

> ### Would you mind opening the window?
> ［ウッジュー**マ**イン（ドゥ）**オ**ウプニンダ**ウィ**ンドウ↗］
> 窓を開けていただけませんか。

•)) **発音のしかた**

Would youはつないで、［ウッジュー］のように発音します。wouldのw音は、日本語の母音［ウ］とは少し異なり、唇を丸めて息を強く出して発音しましょう。mindのd音は聞こえないときもあります。

⤵ **こんなに使える！**

☐ 1 **Would you mind cleaning the table?**
［ウッジュー**マ**イン（ドゥ）**ク**リーニン（グ）ダ**テ**イボォ↗］

☐ 2 **Would you mind coming with me?**
［ウッジュー**マ**イン（ドゥ）**カ**ミンウィドゥミー↗］

☐ 3 **Would you mind doing the dishes?**
［ウッジュー**マ**イン（ドゥ）**ド**ゥーインダ**ディ**シズ↗］

☐ 4 **Would you mind checking it again?**
［ウッジュー**マ**イン（ドゥ）**チェ**ッキンギラ**ゲ**ン↗］

☐ 5 **Would you mind holding the door for me?**
［ウッジュー**マ**イン（ドゥ）**ホ**ウディンダ**ド**ーァフォミー↗］

Would you mind ～ing?は、相手に依頼したりお願いしたりするときに使う、とても丁寧な表現です。

mindは本来「気にする」という意味なので、Would you mind ～ing?は「あなたは～することを気にしますか」とたずねていることになるので、引き受けるときにはYes.ではなくてNo.、つまり、「いいえ、気にしませんよ」と言います。

5
の
段

1 テーブルを拭いていただけませんか。
→ clean（掃除する、[拭いて]きれいにする）

2 私と一緒に来ていただけませんか。

3 皿を洗っていただけませんか。
→ do the dishes（皿を洗う）

4 もう一度確認していただけませんか。

5 ドアを押さえておいていただけませんか。
→ hold（押さえておく）

Do you want me to × 動詞?
（〜しましょうか）

45

> **Do you want me to take your picture?**
> ［ドゥーユー**ワ**ンミートゥー**テ**イキョー**ピ**クチャー↗］
> 写真をお撮りしましょうか。

•)) **発音のしかた**

want meは、［ウォント　ミー］ではなく、［**ワ**ンミー］のようにつないで発音しましょう。wantの語尾のt音は聞こえないときもあります。take yourも［**テ**イキョー］のように、つないで発音しましょう。

こんなに使える！

□ 1 **Do you want me to call him?**
［ドゥーユー**ワ**ンミートゥー**コ**ーリム↗］

□ 2 **Do you want me to drive you home?**
［ドゥーユー**ワ**ンミートゥードゥ**ラ**イヴュー**ホ**ウム↗］

□ 3 **Do you want me to take you there?**
［ドゥーユー**ワ**ンミートゥー**テ**イキュー**デ**ァ↗］

□ 4 **Do you want me to turn on the light?**
［ドゥーユー**ワ**ンミートゥー**タ**ーンノンダ**ラ**イ（トゥ）↗］

□ 5 **Do you want me to stay with you?**
［ドゥーユー**ワ**ンミートゥース**テ**イウィデュー↗］

　want to 〜は「〜したい」という意味ですが、〈want 人 to 〜〉は「人に〜してほしい」という意味になります。Do you want me to 〜?と疑問文にすれば、「私に〜してほしいですか」とか「私が〜しましょうか」という申し出や提案の表現になります。

　「〜しましょうか」は学校ではShall I 〜?と習いますが、日常会話ではDo you want me to 〜?を使うことが多いです。

5の段

1　彼に電話しましょうか。
→ call（電話する）

2　車で家まで送りましょうか。
→ drive は「運転する」以外に「(人を)車で送る」という意味もあります。

3　そこにお連れしましょうか。
→ take（連れていく）

4　電気をつけましょうか。
→ turn on 〜（(電気)をつける）。「(電気)を消す」は turn off 〜 です。

5　一緒にいてあげましょうか。
→ stay with 〜（〜と一緒にいる）

May I help you?
には何と答える？

　みなさんは、コンビニやデパートで、店員さんから「いらっしゃいませ」と言われたら何と返しますか。何も特別に聞きたいことがなければ、黙っていることが多くありませんか。日本では「お客様」が「店員さん」より上という上下関係も影響してか、店内に入っても、お客さんは店員さんの目を見ることもなく、笑顔や言葉を返すこともなく、ただひたすら品定めをする。そんな様子が普通なのかもしれません。

　「いらっしゃいませ」は英語ではMay I help you?です。しかし、英語圏では、May I help you?の前に、お客さんと店員さんはまずお互いに笑顔でHello.とあいさつをします。

　また、May I help you?は、日本語の「いらっしゃいませ」とは異なり疑問文の形です。何か返事をしなければなりません。たとえば、I'm looking for a T-shirt.（Tシャツを探しています）と店員さんに伝えます。特に何も探していなければ、No, thank you. I'm just looking.（いいえ、けっこうです。見ているだけです）と言っても、全く失礼にはなりません。いずれにしても、対等に言葉を交わすことが、英語でのコミュニケーションには大切なのです。

英語らしく話せる
フレーズ

6の段

〈Let me × 動詞.〉(〜しましょう)、
〈I'm × in 〜.〉(〜な状態です)、
〈It depends × on 〜.〉(〜によります)など、
発想が日本語とは違う
英語らしいフレーズを身につけましょう。

🎧 Track **46 〜 54**

Let me × 動詞.

([私が]〜しましょう)

Let me explain.

[**レ**ッミーイクスプ**レ**イン]

ご説明いたしましょう。

•)) 発音のしかた

Let meのLetのt音は小さな[ッ]のようになり、後ろのmeにつながります。[レット ミー]ではなく、[**レ**ッミー]のようになめらかにつないで発音しましょう。

🗩 こんなに使える!

☐ **1** **Let me** hold it for you.
[**レ**ッミー**ホ**ウディッフォーユー]

☐ **2** **Let me** give you a hand.
[**レ**ッミー**ギ**ヴューア**ハ**ンドゥ]

☐ **3** **Let me** buy you lunch.
[**レ**ッミー**バ**イユー**ラ**ンチ]

☐ **4** **Let me** check on that.
[**レ**ッミー**チェ**ッコンダッ(トゥ)]

☐ **5** **Let me** show you around the city.
[**レ**ッミー**ショ**ウユーアラウンッダ**ス**ィリー]

Let me ～.は「私が～し(てあげ)ましょう」「私に～させてくださ
い」と、相手に申し出る表現です。

meの後ろには動詞の原形を使います。「私が支払いましょう」は
Let me pay.、「私が調べておきましょう」はLet me check.となり
ます。Let meの代わりにI'll(私が～する)と言っても、ほぼ意味は同
じです。

---

1 **それをお持ちしましょう。**
→ 荷物などを持つときには have ではなく hold を使います。

---

2 **私がお手伝いいたしましょう。**
→ give ～ a hand (～を手伝う)

---

3 **お昼ご飯をおごりましょう。**
→ 「 buy (人)(物)」の形で「(人)に(物)を買う」という意味になります。

---

4 **私がそれを調べておきましょう。**
→ check on ～ (～について調べる)

---

5 **私が街を案内しましょう。**
→ show (案内する)、around ～ (～の周り)

6×2
状態を話す

47

I'm × in～.
(～な状態です)

I'm in trouble.

[アイミントゥ**ラ**ボォ]

困っています。

発音のしかた

I'm inは[アイム イン]と2語に分けずに、[アイミン]とつないで発音しましょう。troubleは[トラブル]ではなく、[トゥ**ラ**ボォ]のように発音します。

こんなに使える!

□ 1 **I'm in a hurry.**
[アイミンナ**ハ**ーリ]

□ 2 **I'm in charge.**
[アイミン**チャ**ージ]

□ 3 **I'm in marketing.**
[アイミン**マ**ーケティン]

□ 4 **I'm in love with her.**
[アイミン**ラ**ヴウィドゥハー]

□ 5 **I'm in the mood for pizza.**
[アイミンダ**ム**ードゥフォー**ピ**ッツァ]

I'm in trouble.は、「私はトラブル（困難）の中にいる」、つまり「私は困った状態にある」という意味になる一種の比喩表現です。I'm in a hurry.も「私は急ぎの中にいる」、つまり「急いでいる」ということです。I'm in the mood for ～は「～の気分だ」で、否定文でI'm not in the mood.と言えば、「今はそんな気分ではない」という意味で使えます。

1 急いでいます。
→ hurry（急ぎ）

2 私が担当です。
→ charge（責任、管理）

3 マーケティングの仕事をしています。
→「マーケティングの仕事（分野）の中にいる」と発想します。

4 彼女に恋している。
→「彼女と恋の中にいる」というイメージです。

5 ピザを食べたい気分です。
→ mood（気分、意向）

It's kind of × 形容詞.
(何となく〜です)

48

> ## It's kind of nice.
> [イッツカイナ**ナ**イス]
> 何となくステキ。

•)) **発音のしかた**

kind ofは[カインド オブ]と2語に分けず、1語だと考え素早くつないで軽く発音します。[カインダ(ヴ)]や[カイナ]のように聞こえるときもあります。niceのような後ろの形容詞を強く発音しましょう。

ゔ) こんなに使える!

□ **1** **It's kind of pretty.**
[イッツカイナプ**リ**ティー]

□ **2** **It's kind of difficult.**
[イッツカイナ**ディ**フィカォトゥ]

□ **3** **It's kind of funny.**
[イッツカイナ**ファ**ニー]

□ **4** **It's kind of strange.**
[イッツカイナストゥ**レ**インジ]

□ **5** **It's kind of far.**
[イッツカイナ**ファ**ー]

話すためのポイント

　英語は日本語よりも直接的な表現が目に付きますが、何でもズバリ言うわけではありません。kind ofは「何となく」という意味で、曖昧表現の1つと言えます。後ろにniceやdifficultのような形容詞を続ければ、「何となく〜です」という意味になります。

　Kind of.と2語だけで、質問に対して「まあね」という返事としても使えます。

---

1 **何となく可愛い。**
→ pretty（可愛い）

---

2 **何となく難しい。**
→ difficult（難しい）

6の段

---

3 **何となく面白い。**
→ funny（面白い、おかしい）

---

4 **何となく変だ。**
→ strange（変な、奇妙な）

---

5 **何となく遠いです。**
→ far（遠い）

49

6×4

誘う

Come and × 動詞.

（〜しに来て）

Come and see me.

[**カ**ムアン**スィ**ーミー]

私に会いに来て。

•)) 発音のしかた

Come andは2語をつないで[**カ**ムアン]と素早く発音します。andのd音は消えてしまい、ほとんど聞こえないときもあります。Comeとandの後ろの動詞を強く発音しましょう。

⊃) こんなに使える！

□ 1 **Come and visit us.**
[**カ**ムアン**ヴィ**ズィラス]

□ 2 **Come and get it.**
[**カ**ムアン**ゲ**リッ（トゥ）]

□ 3 **Come and join us.**
[**カ**ムアン**ジョ**インナス]

□ 4 **Come and watch this program.**
[**カ**ムアン**ワ**ッチディスプ**ロ**ウグラム]

□ 5 **Come and sit with us.**
[**カ**ムアン**スィ**ッ（トゥ）ウィダス]

　「〜しに来て」と相手を誘うには、Come andの後ろに動詞の原形を使って表現します。英語では「来て(Come)そして(and)〜して」と発想します。英会話では、場合によっては、Come see me.、Come visit us.、Come join us.のように、andを省略し、動詞を2つ続けて言うこともあります。Go and get it.(それを取って来なさい)と言うときも、andを省略し、Go get it.と言うこともできます。

1 **うちに遊びに来て。**
→ visit（訪れる）

2 **それを取りに来て。**

3 **こっちに来て一緒にやろうよ。**
→ join（参加する、加わる）。「参加しに来て」と言います。

4 **こっちに来てこの番組を一緒に見ようよ。**
→ 「この番組を見に来て」と言います。

5 **こっちに来て一緒に座らない？**
→ 「私たちと一緒に座りに来て」と言います。

50

6×5
説明する

That's what × 主語・動詞.
(〜なのはそういうことです)

> ## *That's what I'm talking about.*
> [ダッツホワライム**ト**ーキンガバウ(トゥ)]
> 私が言っているのはそういうことです。

•)) **発音のしかた**

what Iは[ホワット アイ]と2語に分けずに、[ホワライ]のようにつないで発音しましょう。whatの後ろにIが続く場合、whatのt音はラ行の音のように聞こえます。

🗩 **こんなに使える!**

□ 1 **That's what I thought.**
[ダッツホワライ**ソ**ー(トゥ)]

□ 2 **That's what she said.**
[ダッツホワッシー**セ**ドゥ]

□ 3 **That's what I heard.**
[ダッツホワライ**ハ**ードゥ]

□ 4 **That's what I was thinking.**
[ダッツホワライワズ**ティ**ンキン]

□ 5 **That's what friends are for.**
[ダッツホワッフ**レ**ンザーフォー]

　相手に自分の考えや事実をきちんと理解してもらいたいときには、That's whatの後ろに主語と動詞を続けます。

　たとえば、「私が言っていることはそういうことです」と言いたいときは、「それが(that's)私が言っていること(what I'm talking about)」と発想します。That'sの後にexactlyを付けると、「〜なのは、まさにそういうことです」と意味を強めることができます。

---

1 私が思ったのはそういうことです。

→ thought は think (思う、考える)の過去形です。

---

2 彼女が言ったのはそういうことです。

---

3 私が聞いたのはそういうことです。

→ heard は hear (聞く、聞こえる)の過去形です。

---

4 私が考えていたのはそういうことです。

→ was thinking (考えていた)〈過去進行形〉

---

5 そのための友だちでしょう。

→ 英語では「友だちとはそういうことです」と言います。

51

6×6
場合による

It depends × on〜.
（〜によります）

It depends on the weather.
[イッディ**ペ**ンゾンダ**ウェ**ダー]
それは天気によります。

•))) **発音のしかた**

It dependsのItのt音は小さな[ッ]のようになりdependsにつながり、
[イッディ**ペ**ンゾ]のように聞こえます。depends onも2語をつないで
[ディ**ペ**ンゾン]のように発音しましょう。

≡) **こんなに使える！**

□ **1** **It depends** on the person.
[イッディ**ペ**ンゾンダ**パ**ースン]

□ **2** **It depends** on the school.
[イッディ**ペ**ンゾンダス**ク**ーォ]

□ **3** **It depends** on the company.
[イッディ**ペ**ンゾンダ**カ**ンパニー]

□ **4** **It depends** on where you live.
[イッディ**ペ**ンゾンホエァユー**リ**ヴ]

□ **5** **It depends** on who's coming.
[イッディ**ペ**ンゾンフーズ**カ**ミン]

It depends.は、質問に答えるときに、100パーセントそうだというのではなく、「場合によります」と言いたいときに使います。

また、「人によります」とか「場所によって異なります」と言いたいときには、It dependsの後ろにon 〜を続けます。onの後ろに名詞を続ける場合は、theを付けるのを忘れないようにしましょう。「場合によります」という意味の「ケースバイケース」は和製英語です。

1 **それは人によります。**
⇒ person（人）

---

2 **それは学校によります。**

---

3 **それは会社によります。**

---

4 **それはあなたがどこに住んでいるかによります。**
⇒ on の後ろには、where（どこ）のような疑問詞が続く場合もあります。

---

5 **それは誰が来るかによります。**
⇒ who's は who is の短縮形。who は3人称単数扱いなので、動詞は is を使います。

Help yourself × to〜.
(〜をご自由にどうぞ)

🎧52

> ## Help yourself to the drinks.
> [**ヘ**ォピョー**セ**ォフトゥーダドゥ**リ**ンクス]
> 飲み物をご自由にどうぞ。

•)) **発音のしかた**

helpは[ヘルプ]ではなく[**ヘ**ォプ]のように発音してみましょう。Help yourselfは2語をつないで[**ヘ**ォピョー**セ**ォフ]のように聞こえます。drinksのdrは素早く続けて発音します。

💬 **こんなに使える！**

☐ **1** **Help yourself** to the salad.
[**ヘ**ォピョー**セ**ォフトゥーダ**サ**ラドゥ]

☐ **2** **Help yourself** to some cookies.
[**ヘ**ォピョー**セ**ォフトゥーサム**ク**キーズ]

☐ **3** **Help yourself** to some coffee.
[**ヘ**ォピョー**セ**ォフトゥーサム**カ**ーフィー]

☐ **4** **Help yourself** to some more beer.
[**ヘ**ォピョー**セ**ォフトゥーサムモー**ビ**ア]

☐ **5** **Help yourself** to anything in the fridge.
[**ヘ**ォピョー**セ**ォフトゥー**エ**ンニティンギンダフ**リ**ジ]

Help yourself.は「自由に取って食べて（飲んで）ください」と、人に勧めるときの表現です。具体的に「飲み物を」とか「クッキーを」と言う場合はHelp yourself to ～にthe drinksやsome cookiesを続けるだけでOKです。

Help yourself.は、食べ物や飲み物以外にも、「自由に使ってください」の意味で使うことができます。

---

1 **サラダをご自由にどうぞ。**

---

2 **クッキーをご自由にどうぞ。**
→ some は「いくつかの」という意味です。

---

3 **コーヒーをご自由にどうぞ。**
→ some は「いくらかの」という意味で、coffee のような不可算名詞にも使えます。

---

4 **ビールのおかわりをご自由にどうぞ。**
→ some more は「もう少しいくらか」、つまり「おかわり」のことです。

---

5 **冷蔵庫の中のものは何でもご自由にどうぞ。**
→ fridge は refrigerator（冷蔵庫）の短縮形です。

It's worth × ～ing.
(～する価値はあるよ)

> ### It's worth buying this coat.
> [イッツ**ワース**バイン(グ)**ディスコ**ウトゥ]
> このコートを買う価値はあるよ。

•)) **発音のしかた**

worthとthisのthは舌と上の歯を摩擦させる音です。日本語のサ行やザ行の音にならないようにしましょう。coatは[コート]と伸ばさずに、[**コ**ウトゥ]のように発音しましょう。

ᗢ **こんなに使える!**

□ **1** It's worth doing it.
[イッツ**ワースドゥ**ーインギッ(トゥ)]

□ **2** It's worth checking it.
[イッツ**ワースチェ**キンギッ(トゥ)]

□ **3** It's worth reading that book.
[イッツ**ワースリ**ーディン(グ)ダッ**ブ**ック]

□ **4** It's worth taking this class.
[イッツ**ワーステ**イキン(グ)ディスク**ラ**ス]

□ **5** It's worth visiting that museum.
[イッツ**ワースヴィ**ズィティン(グ)ダッミュ**ズィ**ーアム]

worthはこのフレーズでは、「価値がある」という意味の形容詞です。後ろに動詞のing形を続ければ、具体的に「〜する価値がある」という意味を表すことができます。

　たとえば、「このコートを買う価値がある」と言いたいときは、It's worthの後ろにbuy（買う）のing形を使い、It's worth buying this coat.とします。

1 それをする価値はあるよ。

2 それを確認してみる価値はあるよ。
→ check（確認する）

3 その本を読む価値はあるよ。

4 この授業を受ける価値はあるよ。
→ take a class（授業を受ける）

5 あの博物館に行ってみる価値はあるよ。
→ museum（博物館）

6の段

Who × 動詞?

（誰も～ないよ）

Who knows?

[フー**ノ**ウズ↘]

誰もわからないよ。

•)) **発音のしかた**

whoは、日本語の[フ]を、口をすぼめて[フー]と強く発音しましょう。英語のf音と混同しないように注意しましょう。f音は上の歯を下唇に乗せて摩擦させる音ですが、whoは両唇を丸めて発音します。

つ **こんなに使える！**

☐ 1 **Who cares?**
[フー**ケ**アズ↘]

☐ 2 **Who wants to work so late?**
[フー**ウォ**ンツトゥー**ワ**ーク**ソ**ウ**レ**イトゥ↘]

☐ 3 **Who is better than you?**
[フーイズ**ベ**ラーダン**ユ**ー↘]

☐ 4 **Who can buy that expensive car?**
[フーキャン**バ**イダッイクスペンスィヴ**カ**ー↘]

☐ 5 **Who doesn't like her?**
[フーダズン(トゥ)**ラ**イカー↘]

who（誰）は、Who is she?（彼女は誰ですか）やWho is coming to the party?（パーティーには誰が来るのですか）のような「誰」を聞く疑問文で使います。

ところで、たとえばWho knows?と言うと、「誰が知っているの?」ということから、「誰が知ろうか→誰も知らないよ」という反語表現になります。

---

1 誰も気にしないよ。

⇒ care（気にする）。who は3人称単数扱いなので care には s を付けましょう。

---

2 誰もそんなに遅くまで働きたくないよ。

6
の
段

---

3 誰もあなたより上手ではないよ。

⇒ Who is は Who's ［フーズ］と短縮することもあります。

---

4 誰もそんなに高い車は買えないよ。

⇒ that（そんなに）、expensive（［値段が］高い）

---

5 彼女を嫌いな人は誰もいないよ。

英語にも「間接表現」がある

　英語は日本語に比べて直接的な表現が多いですね。たとえば、日本語では「ランチを食べに行きませんか」という誘いを断るときも、「今日はちょっと午後に用事があって…」のように「行けない」という否定文を使って直接断らず、行けないことを相手に間接的に伝えることがよくあります。せっかく誘ってくれた相手の気持ちを気遣う日本人の優しい文化の表れの一つでしょう。英語では、I'm sorry, I can't. I'm busy.(すみません、行けません。忙しいから)とはっきり断ります。そのほうがわかりやすいという考え方です。

　とは言え、英語も人が使う言葉。間接表現ももちろんあります。その一つがkind ofです。はっきり「難しい」と言わずにIt's kind of difficult.(何となく難しい)と言うことがあります。Kind of.(そんな感じかな)と、単独で使うこともできます。kind of likeの後ろに名詞を続け、「〜みたいな」と言うこともできます。また、brown(茶色)にishを付けてbrownish(茶色っぽい)にするとか、toilet(トイレ)の代わりにbathroomやrestroomを使ったりします。

会話上手になる
フレーズ

7の段

感想を話す〈**I feel like ✕ 主語・動詞.**〉、
相手に勧める〈**I suggest ✕ 主語・動詞.**〉、
切り出しに使う〈**Actually, ✕ 主語・動詞.**〉など、
英会話をワンランクアップする
フレーズの数々です。

🎧 Track **55～63**

I feel like × 主語・動詞.
(〜のような気がします)

🎧 55

> *I feel like I can do it.*
> [アイ**フィ**ーォライクアイキャン**ドゥ**ーイッ（トゥ）]
> できるような気がします。

•))) **発音のしかた**

feel likeは[フィール ライク]のように2語に分けて発音しません。feelの語尾のlとlikeの語頭のlが一緒になって、[**フィ**ーォライク]のように2語をつないで発音しましょう。feelを強く発音します。

💬 **こんなに使える！**

☐ **1** **I feel like I have a cold.**
[アイ**フィ**ーォライクアイ**ハ**ヴァ**コ**ウォドゥ]

☐ **2** **I feel like I'm improving.**
[アイ**フィ**ーォライクアイムインプ**ル**ーヴィン]

☐ **3** **I feel like I should study harder.**
[アイ**フィ**ーォライクアイシュッ（ドゥ）ス**タ**ディー**ハ**ーダー]

☐ **4** **I feel like that's the best idea.**
[アイ**フィ**ーォライクダッツダ**ベ**ストゥアイ**ディ**ア]

☐ **5** **I feel like she can give me good advice.**
[アイ**フィ**ーォライクシーキャン**ギ**（ヴ）ミー**グ**ッドゥアドゥ**ヴァ**イス]

feel（感じる）とlike（〜のように）の2語をつないで使うと「〜のような感じがする」「〜のような気がする」という意味になります。

feel likeの後ろに主語と動詞を続ければ、「〜のような」の具体的な内容を述べることができます。また、I feel like eating pizza.（ピザを食べたい気分です）のように、feel likeの後ろに〜ingを使うと、「〜したい気分です」と、まったく違う意味になります。

1 **風邪をひいたような気がします。**
→ have a cold（風邪をひく）

2 **上達しているような気がします。**
→ improve（上達する）

3 **もっと勉強したほうがいいような気がします。**

4 **それが一番いい考えのような気がします。**

5 **彼女がいいアドバイスをしてくれそうな気がします。**
→ advice は数えられない名詞なので、複数形にはしません。

7 × 2
勧める

I suggest × 主語・動詞.
（〜することをお勧めします）

> ## I suggest you go to bed early.
> [アイサ**ジェ**ストゥユー**ゴ**ウトゥー**ベ**ッドゥ**ア**ーリー]
> 早く寝ることをお勧めします。

•)) **発音のしかた**

suggestは、後ろの方にアクセントを置いて、[サ**ジェ**ストゥ]のように
発音しましょう。goは[ゴー]と伸ばさずに[**ゴ**ウ]、earlyのearはあまり
口を開けずに[ア]と[ウ]の間くらいで発音します。

💬 **こんなに使える！**

□ **1** **I suggest you finish this first.**
[アイサ**ジェ**ストゥユー**フィ**ニッシュディス**ファ**ーストゥ]

□ **2** **I suggest you double-check it.**
[アイサ**ジェ**ストゥユー**ダ**ボォ**チェ**キッ(トゥ)]

□ **3** **I suggest you take some medicine.**
[アイサ**ジェ**ストゥユー**テ**イクサム**メ**ディスン]

□ **4** **I suggest you take that job.**
[アイサ**ジェ**ストゥユー**テ**イクダッ**ジャ**ブ]

□ **5** **I suggest you be more careful.**
[アイサ**ジェ**ストゥユービ**モ**ァ**ケ**ァフォ]

suggestは「勧める」「提案する」という意味です。suggestの後ろに主語と動詞を続ければ、「〜することをお勧めします」「〜してみたら?」「〜したほうがいいよ」という意味で使えます。

「早く寝ることをお勧めします」と言いたければI suggestの後ろにyou go to bed early.を続けます。主語や時制に関係なく、動詞には原形を使います。たとえば、I suggest you are 〜.ではなく、I suggest you be 〜.となります。

1 まずこれを終わらせることをお勧めします。

2 再確認することをお勧めします。
→ double-check（再確認する）

3 薬を飲むことをお勧めします。
→ 「薬を飲む」の「飲む」には take を使います。

4 その仕事を引き受けてみたらどう?
→ take（引き受ける）

5 もっと注意したほうがいいよ。
→ careful（注意深い）

🎧 57

I'd appreciate it × if〜.
（〜していただけたらありがたいです）

I'd appreciate it if you could come.
［アイドゥアプ**リ**ーシエイリッイフュークッ(ドゥ)**カ**ム］
おいでいただけたらありがたいです。

•)) **発音のしかた**

appreciate（〜に感謝する）は［アプ**リ**ーシエイトゥ］のように発音します。appreciate itは［アプリーシエイトゥ イット］ではなく、［アプ**リ**ーシエイリッ］のように2語をつないで発音しましょう。

🗩 **こんなに使える！**

□ **1** I'd appreciate it if you could call me.
［アイドゥアプ**リ**ーシエイリッイフュークッ(ドゥ)**コ**ーォミー］

□ **2** I'd appreciate it if you could finish it by tomorrow.
［アイドゥアプ**リ**ーシエイリッイフュークッ(ドゥ)**フィ**ニッシッバイトゥ**マ**ロウ］

□ **3** I'd appreciate it if you could take a look at this.
［アイドゥアプ**リ**ーシエイリッイフュークッ(ドゥ)**テイカル**ッカッディス］

□ **4** I'd appreciate it if you could give me a ride.
［アイドゥアプ**リ**ーシエイリッイフュークッ(ドゥ)**ギ**(ヴ)ミーア**ラ**イドゥ］

□ **5** I'd appreciate it if you wouldn't tell anyone.
［アイドゥアプ**リ**ーシエイリッイフューウドゥン(トゥ)**テ**ォ**エ**ニワン］

appreciateはThank you.のthankと同様、「感謝する」という意味です。I'd appreciate itの後ろにif 〜を続けると、「もし〜していただけたらありがたいです」と、相手に対して丁寧に依頼する表現になります。

appreciateの後ろにif 〜を示すitを忘れないようにしましょう。I'dはI wouldの短縮形です。ifの後ろにはcouldやwouldなど、過去形の助動詞を使いましょう。

---

1 お電話いただけたらありがたいです。

---

2 それを明日までに終わらせていただけたらありがたいです。
→ by 〜（〜までに）

---

3 これを見ていただけたらありがたいです。
→ take a look at 〜（〜を見る）

---

4 車に乗せていただけたらありがたいです。
→ give 〜 a ride（〜を車に乗せる）

---

5 誰にも言わないでいただけたらありがたいです。
→ anyone（誰にも）。anybody とも言えます。

58

7×4
方法を聞く

How do I × 動詞?
(どうやって〜したらいいんですか)

> ## How do I use it?
> [ハウドゥーアイ **ユ**ーズィッ(トゥ) ↘]
> それをどうやって使ったらいいんですか。

•)) **発音のしかた**

How do Iは軽く発音し、動詞useを強く発音しましょう。use itは[ユーズ イット]と2語別々ではなく、[**ユ**ーズィッ(トゥ)]のようにつないで発音しましょう。itのt音は小さな[ッ]のようになり、聞こえないときもあります。

こんなに使える!

□ **1** **How do I open this?**
[ハウドゥーアイ **オ**ウプンディス ↘]

□ **2** **How do I buy the tickets?**
[ハウドゥーアイ **バ**イダ **ティ**ケッツ ↘]

□ **3** **How do I get there?**
[ハウドゥーアイ **ゲ**ッデァ ↘]

□ **4** **How do I contact her?**
[ハウドゥーアイ **コ**ンタクトゥハー ↘]

□ **5** **How do I pay the fare?**
[ハウドゥーアイ **ペ**イダ **フェ**ァ ↘]

　How do I ~?は、どうすればいいのか、行動のしかたがわからないときに、相手にたずねる表現です。

　日本語には「どうやって~したらいいんですか」という言い方がありますが、英語ではシンプルに「どうやって~するんですか」とdo Iを使うだけで大丈夫です。その後ろの動詞は原形を使いましょう。

1 これはどうやって開けたらいいんですか。

---

2 チケットはどうやって買ったらいいんですか。
→ ticket は［チケット］ではなく［**ティ**ケッ（トゥ）］のように発音しましょう。

---

3 そこにはどうやって行ったらいいんですか。
→ get there（そこに着く）

---

4 彼女にはどうやって連絡を取ったらいいんですか。
→ contact（~に連絡を取る）

---

5 運賃はどうやって支払ったらいいんですか。
→ fare（運賃）

7の段

59

7×5
切り出す

Actually, × 主語・動詞.
（実は、〜なんです）

> ## *Actually, I quit my job.*
> [**ア**クチュアリー アイク**ウィ**ッマイ**ジャ**ブ]
> 実は、仕事を辞めたんです。

•))） 発音のしかた

actuallyの語頭のaは[ア]と[エ]の間くらいの音でアクセントを置いて発音しましょう。quit(辞める)は[クイット]ではなく[ク**ウィ**ッ(トゥ)]のように、wの音で発音します。

э） こんなに使える！

□ 1 **Actually, he turned 20.**
[**ア**クチュアリー ヒー**タ**ーンドゥトゥ**ウェ**ニー]

□ 2 **Actually, I really liked it.**
[**ア**クチュアリー アイ**リ**ーリー**ラ**イクティッ(トゥ)]

□ 3 **Actually, I just got back from Hawaii.**
[**ア**クチュアリー アイジャス(トゥ)**ガッ**バックフラムハ**ワ**イ]

□ 4 **Actually, I did it all by myself.**
[**ア**クチュアリー アイ**ディ**ディッ**オ**ーォバイマイ**セ**ォフ]

□ 5 **Actually, it wasn't that expensive.**
[**ア**クチュアリー イッ**ワ**ズン(トゥ)**ダ**リクス**ペ**ンスィヴ]

actuallyは、文頭に置く形で頻繁に使われる「実は」という意味の単語（副詞）です。意外さを表現したり、真実を告白したりするときによく使います。

たとえば、Actually, he is still 25.は、「（年配に見えるが）実は、彼はまだ25歳だ」という意味です。quit［ク**ウィ**ッ（トゥ）］は「やめる」という意味です。「まったく」という意味のquite［ク**ワ**イトゥ］と間違えないようにしましょう。

---

1 **実は、彼は20歳になりました。**
→ turn（〜になる）

---

2 **実は、それが本当に気に入りました。**

---

3 **実は、ハワイから帰ってきたばかりなんです。**
→ just（ちょうど）、get back（戻る）。got は get の過去形です。

---

4 **実は、全部自分でやったんです。**
→ by myself（自分で）

---

5 **実は、そんなに高くなかったんです。**
→ that（そんなに）、expensive（［値段が］高い）

7×6 振り返る

It's been × 期間.

（ずっと〜ですね）

> ## It's been a long time.
> ［イッツビンナ**ロ**ン**タ**イム］
> 久しぶりですね。

•))) **発音のしかた**

been aは2語をつないで［ビンナ］のように発音しましょう。long time はどちらも強く発音しますが、どちらかというと後ろのtimeをより強く発音しましょう。

🗩 **こんなに使える！**

□ 1 **It's been** a while.
　　［イッツビンナホ**ワ**イォ］

□ 2 **It's been** ages.
　　［イッツビン**エ**イジズ］

□ 3 **It's been** a long day.
　　［イッツビンナ**ロ**ン（グ）**デ**イ］

□ 4 **It's been** almost two years.
　　［イッツビンオーモウスッ**トゥーイ**ァーズ］

□ 5 **It's been** over ten years since I came to Tokyo.
　　［イッツビンオウヴァ**テンニ**ァーズスィンスアイ**ケ**イムトゥー**ト**ウキオウ］

　It's been 〜.は、「ずっと〜ですね」のように、過去から現在までのことを言いたいときに使う表現です。この場合、It'sはIt hasの短縮形で、has beenという現在完了形です。It's beenの後ろにsix months（6カ月）やa year（1年）など、期間を表す言葉を続けます。

　たとえば、It's been a long time.は「過去から現在まで長い時間ですね」、つまり、「久しぶりですね」ということになります。

---

1 ご無沙汰しております。

→ a while（しばらくの間）

---

2 本当に久しぶり。

→ age（年齢）は、ages と複数にすれば「時代」「長い間」という意味になります。

---

3 長い一日でした。

→ 「今日はとても忙しい日だった」というイメージです。

---

4 もう約2年になりますね。

→ almost（ほとんど）

---

5 東京に来てから10年以上になります。

→ over（〜以上）。since（〜以来）は現在完了形と一緒に使います。

7
の
段

7×7
感動する

I'm impressed × with ～.
(～に感動しています)

> ## I'm impressed with their service.
> [アイムインプ**レ**ストゥウィドゥデア**サー**ヴィス]
> 彼らのサービスに感動しています。

•)) 発音のしかた

impressedの語尾のedは[t]の音です。serviceは外来語発音の[サービス]とは異なります。serは口をあまり開けずに発音します。v音は上の歯と下の唇との摩擦音です。両唇を合わせるバ行の音にならないように注意しましょう。

⋑ こんなに使える！

□ 1 **I'm impressed with her talent.**
[アイムインプ**レ**ストゥウィドゥハー**タ**レントゥ]

□ 2 **I'm impressed with your Japanese.**
[アイムインプ**レ**ストゥウィドゥヨージャパ**ニー**ズ]

□ 3 **I'm impressed with your gentle manner.**
[アイムインプ**レ**ストゥウィドゥヨー**ジェ**ントォ**マ**ナー]

□ 4 **I'm impressed with his performance.**
[アイムインプ**レ**ストゥウィドゥヒズパ**フォー**マンス]

□ 5 **I'm impressed with the quality.**
[アイムインプ**レ**ストゥウィッダク**ウォ**リティー]

1 **彼女の才能に感動しています。**
→ talent (才能)

2 **あなたの日本語に感心しています。**
→ 上手に日本語を話す外国の人を褒めるときに使えます。

3 **あなたの穏やかな物腰に感心しています。**
→ gentle (優しい)、manner (立ち振る舞い、物腰)

4 **彼の仕事ぶりに感心しています。**
→ performance は、学校では「成績」、会社では「仕事ぶり」。

5 **その品質に感動しています。**
→ quality (質、品質)

7の段

7×8
驚く

I was surprised × to ～.
(～して驚きました)

> **I was surprised to hear the news.**
> [アイワズサプ**ラ**イズットゥ**ヒ**ァダ**ニュ**ーズ]
> そのニュースを聞いて驚きました。

•)) **発音のしかた**

surprisedはiを強く、[サプ**ラ**イズドゥ]のように発音しましょう。r音は、舌が上の歯茎に触れないようにしましょう。surprisedのedは小さな[ッ]のようになり、後ろのtoにつながります。

つ) **こんなに使える！**

□ 1 **I was surprised to see so many flowers in the park.**
[アイワズサプ**ラ**イズットゥ**スィ**ー**ソ**ウ**メ**ニーフ**ラ**ウワーズインダ**パ**ーク]

□ 2 **I was surprised to receive a message from Jim.**
[アイワズサプ**ラ**イズットゥリ**スィ**ーヴァ**メ**スィジフラム**ジ**ム]

□ 3 **I was surprised to know that she was born in America.**
[アイワズサプ**ラ**イズットゥ**ノ**ウダッ(トゥ)シーワズ**ボ**ーンニナ**メ**リカ]

□ 4 **I was surprised to learn that fact.**
[アイワズサプ**ラ**イズットゥ**ラ**ーンダッ(トゥ)**ファ**クトゥ]

□ 5 **I was surprised to run into him.**
[アイワズサプ**ラ**イズットゥ**ラ**ン**ニ**ントゥヒム]

surpriseは「(人を)驚かせる」という意味なので、「驚いた」という意味にしたい場合は、「私は驚かされた」、つまりI was surprised.と受身形〈be動詞＋過去分詞〉を使います。

I was surprised.だけで「(私は)驚いた」という意味で使えますが、「〜して驚いた」と言いたければ、後ろに〈to＋動詞の原形〉を続けます。

---

1 公園でとてもたくさんの花を見て驚きました。

---

2 ジムからメッセージを受け取って驚きました。
→ receive (受け取る)

---

3 彼女がアメリカ生まれだと知って驚きました。
→ was born (生まれた)

---

4 その事実を知って驚きました。
→ learn (学ぶ、知る)

---

5 彼に偶然会って驚きました。
→ run into (偶然会う)

I'm supposed to × 動詞.
(～することになっています)

> ## I'm supposed to meet her tomorrow.
> [アイムサ**ポ**ウスットゥー**ミー**タートゥ**マ**ロウ]
> 明日、彼女に会うことになっています。

•))) 発音のしかた

supposed の語尾のd音は、小さな[ッ]のようになり、後ろのtoにつながって[サ**ポ**ウスットゥー]のように発音します。meet herも[ミート ハー]と2語に分けず、[ミーター]または[ミーラー]のようにつないで発音しましょう。

🗨 こんなに使える！

☐ **1** I'm supposed to get home by 9.
[アイムサ**ポ**ウスットゥー**ゲ**ッ(トゥ)**ホ**ウムバイ**ナ**イン]

☐ **2** I'm supposed to cook tonight.
[アイムサ**ポ**ウスットゥー**ク**ッ(ク)トゥ**ナ**イ(トゥ)]

☐ **3** I'm supposed to work overtime today.
[アイムサ**ポ**ウスットゥー**ワ**ーク**オ**ウヴァタイムトゥ**デ**イ]

☐ **4** I'm supposed to have an interview next week.
[アイムサ**ポ**ウスットゥー**ハ**ヴァン**イ**ンタヴュー**ネ**クス(トゥ)**ウィ**ーク]

☐ **5** I'm supposed to turn in the report by Friday.
[アイムサ**ポ**ウスットゥー**タ**ーンニンダリ**ポ**ートゥバイフ**ラ**イデイ]

suppose は、「思う」「想像する」という意味でよく使われますが、受身形の I'm supposed to として後ろに動詞を続けると「～することになっている」という「予定」を表す表現になります。suppose は [サポウズ]のように語尾は[ズ]となりますが、(I'm) supposed to と言うときには、[発音のしかた]でも見た通り、[サ**ポ**ウスットゥー]と、通常、語尾は[ス]と発音するので注意してください。

---

1 9時までに帰宅することになっています。
→ get home（帰宅する）

---

2 今夜は私が料理をすることになっています。

---

3 今日は残業することになっています。
→ work overtime（残業する）

---

4 来週、面接を受けることになっています。
→ have an interview（面接を受ける）

---

5 金曜日までに報告書を提出することになっています。
→ turn in（提出する）、by ～（～までに）

7
の
段

「驚く」ではなく
「驚かされる」と発想する

　受動態は「〜される」のように、主語が他から何かをしかけられる「受け身」の意味を表します。文法的にはbe動詞と過去分詞を組み合わせますが、日常ではどんな場面で使われるのでしょうか。

　日本語では、「驚いた」や「感動した」という言い方をしますが、英語では、自分一人だけで驚いたり感動したりする人はおらず、他の人や出来事に「驚かされる」「感動させられる」と考え、I was surprised.とかI was impressed.と受動態を使います。

　「音楽に興味があります」もI'm interested in music.(音楽に興味を持たされている)、「わくわく(興奮)しています」もI'm excited.(わくわくさせられている)、「混乱している」もI'm confused.(混乱させられている)と、英語では受け身の形で表現します。tiredは「疲れている」という形容詞として扱われていますが、本来はtire(〜を疲れさせる)の過去分詞で、「私は疲れさせられている」ということです。

しっかり決まる とっておきフレーズ

8の段

〈Good luck ✕ on 〜.〉(〜がんばってね)、
〈Watch out ✕ for 〜.〉(〜に気をつけて)、
〈What happened ✕ to 〜?〉(〜はどうした
の?)など、必要な場面で効果的に使える
フレーズを覚えましょう。

Track **64 〜 72**

Good luck × on～.

（～がんばってね）

> ## *Good luck on your test.*
> [**グ**ッ**ラ**ッコンニョー**テ**ストゥ]
> テストがんばってね。

•))) **発音のしかた**

Good luckのGoodのd音は小さな[ッ]のようになりluckにつながります。Good luck on yourは4語をなめらかにつないで[**グ**ッ**ラ**ッコンニョー]のように発音しましょう。

つ **こんなに使える！**

□ **1** **Good luck on your interview.**
[**グ**ッ**ラ**ッコンニョー**イ**ンタヴュー]

□ **2** **Good luck on your journey.**
[**グ**ッ**ラ**ッコンニョー**ジャ**ーニー]

□ **3** **Good luck on your new job.**
[**グ**ッ**ラ**ッコンニョー**ニュ**ージャブ]

□ **4** **Good luck with school.**
[**グ**ッ**ラ**ックウィドゥス**ク**ーォ]

□ **5** **Good luck with that.**
[**グ**ッ**ラ**ックウィッ**ダ**ッ(トゥ)]

Good luck.は「がんばってね」と、何かにチャレンジしようとしている相手を励ますひと言です。「〜がんばってね」とチャレンジする内容を付け加える場合は、Good luck on 〜.やGood luck with 〜.を使います。onとwithのどちらもOKですが、具体的なことにはon、抽象的なことや広く一般的なことにはwithが使われがちです。

1 **面接がんばってね。**
→ interview（面接）

2 **いい旅になりますように。**
→ journey（旅、旅行）

3 **新しい仕事がんばってね。**

4 **学校がんばってね。**

5 **それがうまくいくといいね。**

8の段

8×2
注意する

Watch out × for ~.
(~に気をつけて)

> ## *Watch out for cars.*
> [**ワッチャウ**(トゥ)フォー**カ**ーズ]
> 車に気をつけて。

•))) **発音のしかた**

watch outは[ウォッチ アウト]と2語に分けて平板に発音するのではなく、[**ワッチャウ**(トゥ)]のように2語をつないでメリハリをつけて発音しましょう。outのt音は小さな[ッ]のようになり、聞こえないときもあります。

💬 **こんなに使える！**

□ **1** **Watch out for fire.**
[**ワッチャウ**(トゥ)フォー**ファ**イァ]

□ **2** **Watch out for snakes.**
[**ワッチャウ**(トゥ)フォース**ネ**イクス]

□ **3** **Watch out for pickpockets.**
[**ワッチャウ**(トゥ)フォー**ピ**ックポケッツ]

□ **4** **Watch out for strangers.**
[**ワッチャウ**(トゥ)フォーストゥ**レ**インジャーズ]

□ **5** **Watch out for the boiling water.**
[**ワッチャウ**(トゥ)フォーダ**ボ**イリン(グ)**ワ**ーラー]

Watch out.だけで「気をつけて」という意味で使いますが、後ろにfor 〜を続けると、気をつける対象について言うことができます。cars（車）やfire（火）など、身の周りにある気をつけるべき対象を入れ替えて練習しましょう。

Watch out for cars.は、carsの代わりにtraffic（交通）を使っても同じような意味になります。

1 火に気をつけて。

2 ヘビに気をつけて。
→ snake（ヘビ）は1匹とは限らないので複数にします。

3 スリに気をつけて。
→ pickpocket（スリ）

4 知らない人には気をつけて。
→ stranger（見知らぬ人）

5 沸騰しているお湯に気をつけて。
→ boil（沸かす）。英語に「お湯」という言葉はないので water（水）を使います。

8の段

It's one of × 最上級.
(それは一番〜のひとつです)

🎧 66

> ## It's one of *the best movies*.
>
> [イッツ**ワン**ノヴダ**ベ**ストゥ**ム**ーヴィーズ]
>
> それは一番いい映画のひとつです。

•))) 発音のしかた

one ofは[ワン オブ]と2語に分けずに、[ワンノヴ]のようにつないで発音しましょう。最上級(一番〜の)とその後ろの名詞を強く発音します。moviesのv音は、舌と上の歯を摩擦させる音です。

💬 こんなに使える!

☐ **1** It's one of the largest cities.
[イッツ**ワン**ノヴダ**ラ**ージェス(トゥ)**ス**ィティーズ]

☐ **2** It's one of the oldest castles.
[イッツ**ワン**ノヴディ**オ**ウォデス(トゥ)**キャ**ソォズ]

☐ **3** It's one of the most beautiful places.
[イッツ**ワン**ノヴダ**モ**ウス(トゥ)**ビュ**ーリフォプ**レ**イスィズ]

☐ **4** It's one of the most popular songs.
[イッツ**ワン**ノヴダ**モ**ウス(トゥ)**ポ**ピュラー**ソ**ングズ]

☐ **5** It's one of the most important things.
[イッツ**ワン**ノヴダ**モ**ウス(トゥ)インポ**ー**タン(トゥ)**テ**ィングズ]

one of 〜は「〜のひとつ」という意味です。ofの後ろには必ず複数の名詞を続けましょう。たとえば、「一番いい映画のひとつ」は、one of the best moviesです。one ofの後ろには最上級が来ることが多いです。最上級の前にtheを忘れないようにしましょう。もちろんone of my favorite things（私の好きなことのひとつ）のように、最上級以外でも可能ですが、ここでは最上級を使った言い方を練習します。

---

1 **それは一番大きな都市のひとつです。**
→ largest は large（大きい）の最上級。

---

2 **それは一番古いお城のひとつです。**
→ oldest は old（古い）の最上級。

---

3 **そこは一番美しい場所のひとつです。**
→ beautiful を最上級にするときは、前に the most を付けます。

---

4 **それは一番人気のある歌のひとつです。**
→ popular を最上級にするときも、前に the most を付けます。

---

5 **それは一番大切なことのひとつです。**
→ important（大切な、重要な）

8の段

8×4
思い出す

It reminds me × of ～.
(～のことを思い出します)

> **It reminds me of my hometown.**
> [イッリ**マ**インズミーオヴマイ**ホ**ウム**タ**ウン]
> 故郷のことを思い出します。

•)) 発音のしかた

Itのt音は小さな[ッ]のようになり、remindsにつながります。remindの語頭のr音は、唇を丸めて、舌が上の歯茎に付かないようにしましょう。舌が上の歯茎に付くラ行の音と区別して練習してみましょう。

=)) こんなに使える!

□ 1 **It reminds me of my mother.**
[イッリ**マ**インズミーオヴマイ**マ**ダー]

□ 2 **It reminds me of the good old days.**
[イッリ**マ**インズミーオヴダ**グ**ードゥ**デ**イズ]

□ 3 **It reminds me of my favorite movie.**
[イッリ**マ**インズミーオヴマイ**フェ**イヴァリッ(トゥ)**ム**ーヴィー]

□ 4 **It reminds me of a famous musician.**
[イッリ**マ**インズミーオヴァ**フェ**イマスミュー**ズイ**シュン]

□ 5 **It reminds me of what she said.**
[イッリ**マ**インズミーオヴホワッシー**セ**ッドゥ]

remindは「思い出させる」という意味です。日本語では、普通、「〜のことを思い出す」と言いますが、英語では「…が人に〜のことを思い出させる」と発想します。

たとえば、It reminds me of my hometown.は「それは故郷のことを私に思い出させる」、つまり「それを見たら（聞いたら）、故郷のことを思い出す」ということです。

1 母のことを思い出します。

2 昔のことを思い出します。
→ good old days（昔、懐かしい日々）

3 好きな映画のことを思い出します。
→ favorite（好きな、気に入っている）

4 有名なミュージシャンのことを思い出します。

5 彼女が言ったことを思い出します。
→ what she said（彼女が言ったこと）

8
の
段

What happened × to ～?
(～はどうしたの？)

> ### What happened to your leg?
> [ホワッ**ハ**プンットゥーヨー**レ**ッグ↘]
> 脚をどうしたの？

•)) **発音のしかた**

What happened toは3語をつないで、[ホワッ**ハ**プンットゥー]のように発音してみましょう。whatのtがラ行の音のようになり、[ホワラ**ハ**プンットゥー]のように聞こえるときもあります。

⋾) **こんなに使える！**

□ **1** **What happened to Steve?**
[ホワッ**ハ**プンットゥース**ティー**ヴ↘]

□ **2** **What happened to that company?**
[ホワッ**ハ**プンットゥーダッ**カ**ンパニー↘]

□ **3** **What happened to my TV?**
[ホワッ**ハ**プンットゥーマイ**ティー**-**ヴィー**-↘]

□ **4** **What happened to the plan?**
[ホワッ**ハ**プンットゥーダプ**ラ**ン↘]

□ **5** **What happened to going shopping?**
[ホワッ**ハ**プンットゥー**ゴ**ウイン(グ)**シャ**ピン↘]

happenは「起こる」という意味です。2語でWhat happened? と言えば、「何が起こったの？」、つまり「どうしたの？」という意味で使えます。「～はどうしたの？」と具体的なものを示したい場合は、後ろにto ～を続けます。

たとえば、脚をケガしている人に対してWhat happened to your leg?(脚をどうしたの？)と言えば、相手を気遣う気持ちを表すことができます。

1 スティーヴはどうしたの？
→ Steve の安否をたずねる文です。

2 あの会社はどうなったの？

3 私のテレビ、どうしちゃったんだろう？
→ テレビの調子が悪いときに使います。

4 その計画はどうなったの？
→ 立てていた計画の進み具合をたずねています。

5 買い物に行くんじゃなかったの？
→ 「買い物に行くって言ってたけど、行かないの？」という意味。

8の段

There's something wrong × with ～.
(～は何かおかしい)

> **There's something wrong with my PC.**
> [デアズ**サ**ムティン**ロ**ンウィドゥマイ**ピー**ス**ィ**ー]
> 私のパソコンは何かおかしい。

•)) 発音のしかた

there'sやwithのthは舌を上下の歯の間に挟み、発音するときに舌と上の歯を摩擦させます。somethingのthも同じですが、声は出ず息だけが出ます。wrongのwは発音せずr音から始まります。long（長い）のl音と区別しましょう。

ヲ こんなに使える！

□ **1** **There's something wrong with the data.**
[デアズ**サ**ムティン**ロ**ンウィッダ**デ**イタ]

□ **2** **There's something wrong with this watch.**
[デアズ**サ**ムティン**ロ**ンウィッディス**ワ**ッチ]

□ **3** **There's something wrong with that man.**
[デアズ**サ**ムティン**ロ**ンウィッダッ**マ**ン]

□ **4** **There's something wrong with my arm.**
[デアズ**サ**ムティン**ロ**ンウィドゥマイ**ア**ーム]

□ **5** **There's something wrong with that idea.**
[デアズ**サ**ムティン**ロ**ンウィッダライ**ディ**ア]

There's something wrong.は「何かおかしい」「調子が悪い」という意味です。後ろにwithとmy PC（私のパソコン）やthis smartphone（このスマホ）など、具体的なものを付けて言えば、「〜は何かおかしい、〜は調子が悪い」という意味になります。There'sはThere is（〜がある）の短縮形です。「おかしいところは何もない」と言いたければ、somethingをnothingに変えて、There's nothing wrong with 〜.とします。

---

1 そのデータは何かおかしい。

→ data（データ）は［**デ**イタ］または［**デ**イラ］のように発音します。

---

2 この時計は何かおかしい。

→ watch は「腕時計」のこと。「置時計」や「掛け時計」は clock です。

---

3 あの人は何かおかしい。

→ man の ma は［マ］と［メ］の間くらいで発音します。

---

4 私の腕は何かおかしい。

---

5 その考えは何かおかしい。

→ idea は、後ろの dea の方を強く発音しましょう。

8の段

167

It has nothing to do × with〜.
（〜には何の関係もありません）

🎧 70

> ### It has nothing to do with me.
> [イトゥ**ハズ****ナ**ッティントゥ**ドゥ**ーウィドゥ**ミー**]
> 私には何の関係もありません。

•)) **発音のしかた**

hasとnothingとdo（動詞や名詞）を強く発音しましょう。toは［トゥー］と伸ばさずに、軽く［トゥ］と発音します。nothingとwithのthは、舌を上の歯と摩擦させる音です。

💬 **こんなに使える！**

☐ **1** **It has nothing to do with the company.**
[イトゥ**ハズ****ナ**ッティントゥ**ドゥ**ーウィッダ**カン**パニー]

☐ **2** **It has nothing to do with the accident.**
[イトゥ**ハズ****ナ**ッティントゥ**ドゥ**ーウィッディ**ア**クスィデントゥ]

☐ **3** **It has nothing to do with the result.**
[イトゥ**ハズ****ナ**ッティントゥ**ドゥ**ーウィッダリ**ザ**ォトゥ]

☐ **4** **It has nothing to do with your grades.**
[イトゥ**ハズ****ナ**ッティントゥ**ドゥ**ーウィドゥヨーグ**レ**イズ]

☐ **5** **It has nothing to do with the loss.**
[イトゥ**ハズ****ナ**ッティントゥ**ドゥ**ーウィッダ**ロ**ス]

nothingは「何も〜ない」という否定語です。It has nothing to do.の後ろにwith 〜を続ければ、「それ（話題のもの・こと）は〜には何の関係もない」と、withの後にある〜との関係性を否定することができます。

たとえば、「私には何の関係もありません」と、ある出来事と自分の関係を否定したいときには、It has nothing to do with me.とwith meを後ろに付け足します。

1 その会社には何の関係もありません。

2 その事故には何の関係もありません。
→ accident（事故、偶然の出来事）

3 その結果には何の関係もありません。
→ result（結果）

4 あなたの成績には何の関係もありません。
→ grade（成績）

5 損失には何の関係もありません。
→ loss は lose（失う）の名詞で「損失」という意味です。

8の段

All you have to do is × 動詞.
(〜しさえすればいいです)

🎧 71

> ### All you have to do is smile.
> [**オ**ーォユー**ハ**フトゥ**ドゥ**ーイズス**マ**ィォ]
> 笑顔でいさえすればいいんです。

•))) **発音のしかた**

allとdoを強く発音しましょう。また、「〜しさえすればいい」という行動を示すisの後ろの動詞も強く発音します。smileは[スマイル]ではなく、[ス**マ**ィォ]のように発音しましょう。

💬 **こんなに使える!**

☐ **1** All you have to do is clean your room.
[**オ**ーォユー**ハ**フトゥ**ドゥ**ーイズク**リ**ーンニョー**ルー**ム]

☐ **2** All you have to do is press the button.
[**オ**ーォユー**ハ**フトゥ**ドゥ**ーイズプ**レ**スダ**バ**(トゥ)ン]

☐ **3** All you have to do is read the manual.
[**オ**ーォユー**ハ**フトゥ**ドゥ**ーイズ**リ**ーッダ**マ**ニュアォ]

☐ **4** All you have to do is download the app.
[**オ**ーォユー**ハ**フトゥ**ドゥ**ーイズ**ダ**ウンロウッディ**ア**ップ]

☐ **5** All you have to do is put the ingredients in.
[**オ**ーォユー**ハ**フトゥ**ドゥ**ーイズ**プ**ッディイング**リ**ーディアンツイン]

🔍 話すためのポイント

have toは「〜しなければならない」という意味です。All you have to do is 〜は「あなたがしなければならない全てのことは〜することです」、つまり「〜しさえすればいい」という意味になります。

isの後ろは動詞の原形を使います。〈to＋動詞の原形（〜すること）〉のtoが省かれていると考えましょう。

1 部屋を掃除しさえすればいいんです。

---

2 ボタンを押しさえすればいいんです。
→ button（ボタン）

---

3 説明書を読みさえすればいいんです。
→ manual（説明書）

8の段

---

4 アプリをダウンロードしさえすればいいんです。
→ app（アプリ）、application software の略。

---

5 材料を入れさえすればいいんです。
→ ingredients（[食べ物に使う]材料）。通常、複数で使います。

171

8×9
一番のもの

72

What's the × 最上級？
（一番～なのは何ですか）

What's the cheapest way?

[ホワッツダ**チ**ーペストゥ**ウェ**イ↘]

一番安い方法は何ですか。

発音のしかた

what[ホ**ワ**ットゥ]とwhat's[ホ**ワ**ッツ]の発音を区別しましょう。what'sは語尾の[ツ]の音をはっきり発音しましょう。theは[ダ]と示していますが、舌を上の歯と摩擦させる音です。[ザ]のようにならないようにしましょう。

こんなに使える！

□ 1 **What's the tallest building in the world?**
[ホワッツダ**ト**ーレス(トゥ)**ビ**ォディンギンダ**ワ**ーォドゥ↘]

□ 2 **What's the best place to visit?**
[ホワッツダ**ベ**ストゥプ**レ**イストゥー**ヴィ**ズィッ(トゥ)↘]

□ 3 **What's the most exciting sport?**
[ホワッツダ**モ**ウストゥイク**サ**イティンス**ポ**ートゥ↘]

□ 4 **What's the most interesting movie?**
[ホワッツダ**モ**ウストゥ**イ**ンタレスティン**ム**ーヴィー↘]

□ 5 **What's the most important thing?**
[ホワッツダ**モ**ウストゥ**イ**ンポータン(トゥ)**ティ**ン↘]

　「一番〜なのは何ですか」とたずねたい場合は、What's theの後ろに最上級を使います。What'sはWhat isの短縮形です。最上級の前にはtheを忘れないようにしましょう。

　たとえば、「一番安い方法」についてたずねたいときにはthe cheapest way、「一番面白い映画」について聞きたいときにはthe most interesting movieを続けます。

---

1 世界で一番高い建物は何ですか。
→ tall（背が高い）

---

2 訪れるのに一番いい場所はどこですか。
→ visit（訪れる）

---

3 一番わくわくするスポーツは何ですか。
→ exciting（わくわくするような）

---

4 一番面白い映画は何ですか。
→ interesting（面白い、興味深い）

---

5 一番大切なことは何ですか。
→ important（重要な、大切な）

8

無生物主語は
英語らしい表現

　英語には無生物の単語を主語にする表現がたくさんあります。その一つが「思い出させる」という意味の動詞remindです。たとえば、日本語では「私はこの写真を見るとサンフランシスコを思い出します」と、主語が「私」という「人」になりますが、英語では、This photo reminds me of San Francisco.(この写真は私にサンフランシスコを思い出させる)と、this photo(この写真)という無生物を主語にして言うことがよくあります。

　他にも、「この電車に乗れば渋谷に行けますよ」と英語で教えてあげたいときは、This train takes you to Shibuya.(この電車はあなたを渋谷に連れていく)と言えます。同じように、「この道を行けば明治神宮に着きますよ」と言いたいときには、lead(導く)を使い、This street will lead you to Meiji Shrine.(この道はあなたを明治神宮に導いてくれるだろう)と発想します。

　では、「ジャイアンツが最終戦に負けたと新聞で読みました」は英語でどう言うでしょうか。「新聞は～と言っている」と発想し、The newspaper says the Giants lost their final game.と言います。

ネイティブに近づく
応用フレーズ

9の段

願望を表す〈I wish × 主語・(助)動詞の過去形.〉、
後悔する〈I should've × 過去分詞.〉、
納得する〈No wonder × 主語・動詞.〉。
9の段ではネイティブらしいフレーズを覚えて
締めくくりましょう。

73

9×1
未来のこと

What if × 主語・動詞?
(もし〜だったらどうする?)

> ## What if it rains?
> [ホワ**リ**フイッ**レ**インズ↘]
> もし雨が降ったらどうする?

•)) **発音のしかた**

What ifは、[ホワット イフ]と2語に分けずに、[ホワ**リ**フ]のようにつないで発音しましょう。whatのtはラ行の音をイメージしてみてください。it rainsのitのt音はほとんど聞こえないこともあります。

⋑) こんなに使える!

☐ 1 **What if we get lost?**
[ホワ**リ**フウィ**ゲッロ**ストゥ↘]

☐ 2 **What if the streets are crowded?**
[ホワ**リ**フダストゥ**リ**ーツアーク**ラ**ウディドゥ↘]

☐ 3 **What if we miss the last train?**
[ホワ**リ**フウィ**ミ**スッダ**ラ**ストゥ**レ**イン↘]

☐ 4 **What if he fails the test?**
[ホワ**リ**フヒー**フェ**イォズダ**テ**ストゥ↘]

☐ 5 **What if we won the lottery?**
[ホワ**リ**フウィ**ワ**ンダ**ロ**タリー↘]

What ifは、未来の不確かなことを相手にたずねるときに使う表現です。「もし(if)〜だったら、何が(what)が起こる?」と発想しましょう。

What ifの後ろには主語・動詞が続きます。たとえば、「雨が降る」はIt rains.なので、What if it rains?とすれば、「もし雨が降ったらどうする?」という意味になります。将来起こる可能性が薄い場合には、過去形の動詞を使って仮定法にすることもあります。

1 **もし迷子になったらどうする?**
→ get lost (迷子になる)

2 **もし道が混んでいたらどうする?**
→ crowded (混んでいる)

3 **もし終電に乗り遅れたらどうする?**
→ miss (乗り遅れる)

4 **もし彼がテストに落ちたらどうする?**
→ fail ([テストを]落とす、落第点を取る)

5 **もし宝くじが当たったらどうする?**
→ lottery (宝くじ)。可能性が薄いので win (勝ち取る)の過去形 won を使っています。

74

9×2
願望を話す

I wish × 主語・(助)動詞の過去形.
(〜ならいいのですが)

> ## *I wish I could go.*
> [アイ**ウィ**ッシュアイクッ(ドゥ)**ゴ**ウ]
> 行けたらいいのですが。

•)) **発音のしかた**

wishのw音は、日本語の[ウ]よりも唇を丸めて、口を尖らせて発音します。window(窓)やwinter(冬)なども同じ発音です。[ウ]と[イ]を同時に素早く[ウィ]のように発音してみましょう。

🗨 **こんなに使える!**

☐ **1** **I wish I could play the piano.**
[アイ**ウィ**ッシュアイクッ(ドゥ)**プ**レイダピ**ア**ノウ]

☐ **2** **I wish I could speak English better.**
[アイ**ウィ**ッシュアイクッ(ドゥ)ス**ピ**ークイングリッシュ**ベ**ラー]

☐ **3** **I wish I had a brother.**
[アイ**ウィ**ッシュアイ**ハ**ダブ**ラ**ダー]

☐ **4** **I wish you were here.**
[アイ**ウィ**ッシュユーワー**ヒ**ア]

☐ **5** **I wish it were a real diamond.**
[アイ**ウィ**ッシュイットゥワー**ア**リーォ**ダ**イアマンドゥ]

178

wishは「願う」という意味の動詞です。I wishは事実と異なることを仮定します。たとえば、忙しくてパーティーに行くことができない場合に、「行けたらいいのですが（行けません）」と言うときに使います。

　文法的には「仮定法過去」と言い、動詞の過去形（hadやwereなど）や助動詞の過去形（couldやwouldなど）を使います。

1 **ピアノが弾けたらいいのになあ。**

→ could は can（〜することができる）の過去形です。

---

2 **もっと英語を上手に話せたらいいのですが。**

---

3 **兄がいたならなあ。**

→ 兄はいないので、have の過去形 had を使います。

---

4 **君がここにいてくれたらなあ。**

→ あなたは今ここにいないので、are の過去形 were を使います。

---

5 **本物のダイアモンドならいいのになあ。**

→ 主語が it のような3人称単数であっても、was ではなく were を使います。

9の段

I should've × 過去分詞.
(〜しておけばよかった)

I should've done it.

[アイシュドゥヴ**ダ**ニッ(トゥ)]

それをやっておけばよかった。

•)) **発音のしかた**

should'veは[シュドゥヴ]のように発音してみましょう。done itは[ダンイット]と2語に分けずに、[**ダ**ニッ(トゥ)]のようにつないで発音します。itのt音は小さな[ッ]のようになり、ほとんど聞こえないときもあります。

ヲ) **こんなに使える!**

□ 1 **I should've called her.**
[アイシュドゥヴ**コ**ーォドゥハー]

□ 2 **I should've told you earlier.**
[アイシュドゥヴ**ト**ゥジュー**ア**ーリアー]

□ 3 **I should've studied harder.**
[アイシュドゥヴス**タ**ディードゥ**ハ**ーダー]

□ 4 **I should've bought that book.**
[アイシュドゥヴ**ボ**ーダッブック]

□ 5 **I should've known better.**
[アイシュドゥヴ**ノ**ウンベラー]

180

shouldは「〜するべきだ」という意味の助動詞です。should'veはshould haveの短縮形で、後ろに過去分詞を使い「〜するべきだった」「〜しておけばよかった」と、過去にしなかったことを後悔するときに使う定番表現です。

文末にearlier（もっと早く）やahead of time（前もって）のようなフレーズを付け加えることもできます。

1 **彼女に電話しておけばよかった。**
→ call（電話する）

2 **もっと早くあなたに話しておけばよかった。**
→ told は tell（話す、言う）の過去分詞です。

3 **もっと勉強しておけばよかった。**
→ harder は hard（熱心に）の比較級です。

4 **その本を買っておけばよかった。**
→ bought は buy（買う）の過去分詞です。

9の段

5 **私がバカでした。**
→「もっと分別がある（know better）べきだった」と発想します。

The thing is, × 主語・動詞.
(問題は〜だということです)

> ## The thing is, she's too busy.
> [ダ**ティンギ**ズシーズ**トゥ**ー**ビ**ズィー]
> 問題は彼女が忙しすぎるということです。

•))) **発音のしかた**

「問題は」ということが強調して言いたいことなので、thingとisを強く発音します。2語をつないで、[**ティンギ**ズ]のように発音しましょう。内容的には、「忙しすぎる」ということが大切なのでtoo busyを強く発音しましょう。

つ) **こんなに使える！**

□ **1** The thing is, I don't have enough money.
[ダ**ティンギ**ズアイドウン(トゥ)**ハヴィナ**フ**マ**ニー]

□ **2** The thing is, the work is not so easy.
[ダ**ティンギ**ズダ**ワー**キズ**ナ**ッ(トゥ)**ソ**ウ**イ**ーズィ]

□ **3** The thing is, he's not interested.
[ダ**ティンギ**ズヒーズ**ナー**リンタレスティドゥ]

□ **4** The thing is, we have to decide it soon.
[ダ**ティンギ**ズウィ**ハ**フトゥーディ**サ**イディッ(トゥ)**スー**ン]

□ **5** The thing is, we can't use the Internet here.
[ダ**ティンギ**ズウィ**キャー**ン(トゥ)**ユー**ズディ**イ**ンターネッ(トゥ)**ヒ**ァ]

The thing is, 〜（重要なことは〜、問題は〜）は、The important thing is, 〜のimportant（重要な）が省かれていると考えましょう。後ろに主語と動詞を続ければ、重要な問題の内容を述べることができます。

たとえば、The thing is, I don't have enough money.と言えば、「問題は私が十分なお金を持っていないということです」、つまり「問題はお金が足りないということです」という意味になります。

1 問題はお金が足りないということです。

2 問題はその仕事がそんなに簡単ではないということです。

3 問題は彼が興味を示さないということです。
→ interested（興味がある）

4 問題はそれをすぐに決定しなければならないということです。
→ decide（決める）

5 問題はここではインターネットは使えないということです。
→ Internet には the を付けましょう。

No wonder × 主語・動詞.
（どおりで〜なわけです）

> ### No wonder you look tired.
> ［**ノ**ゥ**ワ**ンダーユー**ル**ック**タ**ィァドゥ］
> どおりであなたは疲れて見えるわけです。

•)) **発音のしかた**

noとwonderを両方強く発音します。noは［ノー］と伸ばさずに、［**ノ**ゥ］という二重母音になります。wonderは最初の［ワ］の音を強く発音します。［ワ］は日本語とほぼ同じで、口の開きが中くらいの音です。口を開きすぎないように。

⋑ **こんなに使える！**

□ 1 **No wonder she's mad.**
[**ノ**ゥ**ワ**ンダーシーズ**マ**ドゥ]

□ 2 **No wonder he couldn't come.**
[**ノ**ゥ**ワ**ンダーヒークドゥン(トゥ)**カ**ム]

□ 3 **No wonder she's afraid of dogs.**
[**ノ**ゥ**ワ**ンダーシーズアフ**レ**イドヴ**ダ**ーグズ]

□ 4 **No wonder Bob likes Japan.**
[**ノ**ゥ**ワ**ンダー**バ**ブ**ラ**イクスジャ**パ**ン]

□ 5 **No wonder you speak Japanese so well.**
[**ノ**ゥ**ワ**ンダーユース**ピ**ークジャパ**ニ**ーズ**ソ**ゥ**ウェ**ォ]

No wonder.は2語で「な〜んだ、そういうことか」とか「なるほど、どおりで」と、その事実に納得がいったときに使う表現です。wonderは「不思議」という意味なので、No wonder.で「不思議はない」、つまり「理解できる」「どおりで」「当然だね」となるわけです。

No wonderの後ろに主語と動詞を続けて、「どおりで〜なわけです」と、自分のコメントを付け加えることができます。

---

1 **どおりで彼女は怒っているわけです。**

→ mad は angry と同様、「怒っている」という意味です。

---

2 **どおりで彼は来られなかったわけです。**

---

3 **どおりで彼女は犬が怖いわけです。**

→ she's は she is の短縮形。afraid of 〜は「〜が怖い」という意味です。

---

4 **どおりでボブは日本が好きなわけです。**

---

5 **どおりで、あなたは日本語を上手に話すわけです。**

→ たとえば、日本に長く住んでいる外国の人に対して使える褒め言葉です。

9の段

What else × 疑問形?

(他に何が[を]～ですか)

What else can I do for you?

[ホワ**レ**ォスキャナイ**ドゥ**ーフォーユー↘]

私はあなたのために他に何ができますか。

•)) **発音のしかた**

What elseは2語をつないで、[ホワ**レ**ォス]のように発音しましょう。
whatのt音はラ行の音のように変化します。elseのl音は[ル]ではなく、
小さな[ォ]のように聞こえます。文末は下げ調子で発音しましょう。

=) **こんなに使える!**

□ **1** **What else do you need?**
[ホワ**レ**ォスドゥーユー**ニー**ドゥ↘]

□ **2** **What else do you want to buy?**
[ホワ**レ**ォスドゥーユー**ウォ**ントゥー**バイ**↘]

□ **3** **What else did she say?**
[ホワ**レ**ォスディドゥシー**セイ**↘]

□ **4** **What else should I learn?**
[ホワ**レ**ォスシュダアイ**ラー**ン↘]

□ **5** **What else do I have to do?**
[ホワ**レ**ォスドゥーアイ**ハ**フトゥ**ドゥー**↘]

　what（何）にelse（他に）を付け足すと「他に何か」という意味になります。What elseの後ろに疑問形を続けると、「他に何が[を]〜ですか」と具体的な内容について言うことができます。

　たとえば、「あなたは他に何が欲しいですか」と言いたければ、What else do you want?、「彼女は他に何を言いましたか」と言いたければ、What else did she say?となります。

---

1 他に何が必要ですか。
→ need（必要だ）

---

2 他に何を買いたいですか。

---

3 彼女は他に何を言いましたか。

---

4 他に何を学んだらいいですか。
→ should 〜（〜したほうがいい、〜するべきだ）

9
の
段

---

5 他に何をしなければいけませんか。
→ have to 〜（〜しなければならない）

How come × 主語・動詞?

（どうして〜なの？）

🎧79

> ## How come you're crying?
>
> [**ハ**ウカムユァク**ラ**イイン↘]
>
> どうして泣いているの？

•)) **発音のしかた**

comeの最初の[カ]は、日本語の[カ]と同じように、口を大きく開けすぎずに中くらいに開け、[ム]は口を閉じるだけです。文末は下げ調子で発音しましょう。cryingの語尾のgは鼻から抜けて聞こえません。

💬 **こんなに使える！**

□ 1 **How come you don't like vegetables?**
[**ハ**ウカムユードゥン（トゥ）**ライクヴェ**ジタボォズ↘]

□ 2 **How come you're so depressed?**
[**ハ**ウカムユァ**ソ**ウディプ**レ**ストゥ↘]

□ 3 **How come you can speak Spanish?**
[**ハ**ウカムユーキャンス**ピ**ークス**パ**ニッシュ↘]

□ 4 **How come you didn't eat lunch?**
[**ハ**ウカムユーディドゥン（トゥ）**イ**ー（トゥ）**ラ**ンチ↘]

□ 5 **How come you have to see her?**
[**ハ**ウカムユー**ハ**フトゥー**ス**イーハー↘]

🔍 **話すためのポイント**

　How come?は「どうして？」と理由をたずねるときにWhy?の代わりに使える口語表現です。How come?は強い驚きを表したり、時には不満を表したりすることもあります。

　How come?は後ろに主語・動詞を続けることもできます。Why?と違って疑問文の語順にはせず、そのまま「主語＋動詞」の順番にします。

---

1 **どうして野菜が嫌いなの？**
→ vegetables は「いろいろな野菜」という意味で複数にしています。

---

2 **どうしてそんなに落ち込んでいるの？**
→ depressed（落ち込んでいる）

---

3 **どうしてスペイン語を話せるの？**

---

4 **どうしてお昼ご飯を食べなかったの？**
→ lunch に a を付けないようにしましょう。

---

5 **どうして彼女に会わないといけないの？**

9の段

189

We'll see × 疑問形.

(〜なのか、そのうちわかるでしょう)

> ## We'll see what happens.
>
> [ウィォ**スィ**ーホワル**ハ**プンズ↘]
>
> どうなるか、そのうちわかるでしょう。

•)) **発音のしかた**

we'llは[ウイル]ではなく[ウィォ]のように発音しましょう。seeは日本語の[シ]を伸ばさず、[ス]と[イ]を続けて[スィー]のように発音します。happenのhaは[ハ]と[ヘ]の間くらいの音で発音してみましょう。

🗨 **こんなに使える！**

☐ **1** **We'll see** what we can do.
[ウィォ**スィ**ーホワッウィキャン**ドゥ**ー]

☐ **2** **We'll see** how it goes.
[ウィォ**スィ**ーハウイッ**ゴ**ウズ]

☐ **3** **We'll see** how the result is.
[ウィォ**スィ**ーハウダリ**ザ**ォトゥイズ]

☐ **4** **We'll see** where we can go from there.
[ウィォ**スィ**ーホエアウィキャン**ゴ**ウフラムデア]

☐ **5** **We'll see** what comes out of the surveys.
[ウィォ**スィ**ーホワッ**カ**ムザウロヴダ**サー**ヴェイズ]

We'll see.は「私たちは（今後の動向を）見てみましょう」、つまり「どうなるかは、そのうちわかるでしょう」ということです。

We'll see.単独でも使えますが、具体的な内容を示すためには、後ろに疑問形を続けます。たとえば、We'll see what happens. とすれば、文字通りには、「何が起こるか見てみましょう」、つまり「（今はどうすることもできないが）そのうちわかるよ」という意味になります。

---

1 私たちに何ができるか、そのうちわかるでしょう。

---

2 それがどうなるか、そのうちわかるでしょう。
→ 「物事が（it）どう（how）進むのか（goes）」ということです。

---

3 結果がどうなのか、そのうちわかるでしょう。
→ result（結果）

---

4 これからどうできるのか、そのうちわかるでしょう。
→ 「そこから（from there）どこに行けるのか（where we can go）」と発想します。

---

5 調査から何が見えてくるのか、そのうちわかるでしょう。
→ 「調査（surveys）から何が（what）出てくるのか（comes out）」と発想します。

If I were you, × I would～.
（もし私なら、～します）

If I were you, I would take a taxi.

[イフアイワー**ユー** アイウッ（ドゥ）**テイカ タ**クスィー]

もし私なら、タクシーで行きます。

•))) **発音のしかた**

wereは日本語の[ワ]と違い、口をあまり開けずに発音します。take aは[**テイカ**]のようにつないで発音します。taxiのtaは[タ]と[テ]の中間音で、語尾は[シー]ではなく[スィー]のように発音しましょう。

●) **こんなに使える！**

□ **1** **If I were you, I would talk to him first.**
[イフアイワー**ユー** アイウッ（ドゥ）**トー**クトゥーヒム**ファー**ストゥ]

□ **2** **If I were you, I would take that job.**
[イフアイワー**ユー** アイウッ（ドゥ）**テイ**（ク）ダッ**ジャー**ブ]

□ **3** **If I were you, I would make a reservation.**
[イフアイワー**ユー** アイウッ（ドゥ）**メ**イカレザ**ヴェ**イシュン]

□ **4** **If I were you, I wouldn't go to the party.**
[イフアイワー**ユー** アイウ（ドゥ）ン（トゥ）**ゴ**ウトゥーダ**パー**リー]

□ **5** **If I were you, I wouldn't wait until then.**
[イフアイワー**ユー** アイウ（ドゥ）ン（トゥ）**ウェ**イランティォ**デ**ン]

If I were you, 〜.は「もし私（があなた）なら〜します」と、相手の立場に立って提案したり、助言したりするときに使う表現です。

「もし私があなたなら」のように、現実にはあり得ないことを仮定する場合には、仮定法過去を使います。Ifの節では、主語にかかわらず、be動詞はwasではなくwereを使いましょう。後ろの主節には、動詞の前にwouldやcouldのような助動詞の過去形を使いましょう。

1 もし私なら、まず彼に話します。

2 もし私なら、その仕事を引き受けます。
➡ take は「自分の領域に入れる」というイメージ。この場合「引き受ける」となります。

3 もし私なら、予約します。
➡ reservation（予約）。「予約する」の「する」には make を使います。

4 もし私なら、そのパーティーには行きません。

9の段

5 もし私なら、その時まで待ちません。
➡ until then（その時まで）。「そのときまで待たない」は「早めに行動する」という意味。

あいづちは
会話のクッション

　No wonderの後ろに主語と動詞を続けると、「どおりで〜なわけだ」という便利な会話フレーズになりますが、No wonder.だけでも「どおりで」「なるほど」のようなあいづち表現として使えます。

　同じような意味を表す表現にThat explains it.があります。人が言ったことに対して「理解できる、納得がいく」というときに使えるひと言です。explainは「説明する」という意味です。「あなたが言ったことは、そのことを説明している」、つまり「なるほど、よくわかります」ということになります。

　このようなあいづち表現は、会話の中で気持ちを通わせる大切なクッションの役割を果たします。納得するときのあいづちは、他にもI see.(なるほど)やI bet.(そうでしょうね)などがあります。質問にすぐに答えられないときには、「そうですねえ」という意味でLet me see.やWell.を使ってみましょう。驚きを表したければ、No kidding!(うそでしょう！)やOh, my goodness!(それは大変だ！)のような便利なひと言があります。状況に合わせた表情をつくれば、会話もさらに豊かになります。

Good luck with your English!

（英語をがんばって！）

　何をするにしても、まずは基本が大切。「英語の九九」は英語学習の基本中の基本です。英語が話せるようになる第一歩です。英語の定型表現にひと工夫するだけで、「話す力」が倍増し、会話が本当に楽しくなります。

　ネイティブスピーカーの音声を真似して発音も上手になりましょう。発音が上手になると、リスニングもできるようになり、英語に自信が出てきます。

　外国語には間違いはつきものです。正確に覚えていなくても、間違いを恐れずに思い切って話してみましょう。英会話の上達には年齢は関係ありません。あきらめずにトライしましょう！

（著者より）

著者紹介

山崎 祐一（Yuichi Yamasaki）

長崎県立大学教授。サンフランシスコ州立大学大学院（英語学研究科・英語教育学専攻）修了。専門は英語教育学、異文化コミュニケーション。米大学での講師などを経て現職。日米の国際家族に育ち、言葉と文化が不可分であることを痛感。数々の通訳業務や映画の翻訳にも携わり、依頼講演は900回を超える。NHK総合やTBSなど、テレビや新聞等でも英語教育や異文化理解に関する解説やコメントが紹介される。小中学校英語教科書著者。TOEFL（PBT）673点（TOEIC換算990点）、TSE（Test of Spoken English）スピーキング・発音部門満点、TWE（Test of Written English）満点。著書に『あいさつから日常会話まで 瞬時に話せる英会話大特訓』『ゼロからスタート英会話 英語の気くばり・マナーがわかる編』『ネイティブならこう言う! 2コマでわかる日常英会話』（以上、Jリサーチ出版）など多数。

カバーデザイン／本文DTP	TOMO
カバー・本文イラスト	今井ヨージ
編集協力	成重 寿
ダウンロード音声制作	一般財団法人　英語教育協議会（ELEC）
ナレーター	Howard Colefield／Karen Haedrich／水月優希

本書へのご意見・ご感想は下記URLまでお寄せください。
https://www.jresearch.co.jp/contact/

英語の九九で基礎が身につく!
かけ算メソッドでどんどん話せる英会話

令和6年（2024年）5月10日　初版第1刷発行

著　者	山崎祐一
発行人	福田富与
発行所	有限会社 Jリサーチ出版
	〒166-0002 東京都杉並区高円寺北2-29-14-705
	電　話 03（6808）8801（代表）　FAX 03（5364）5310
	編集部 03（6808）8806
	URL https://www.jresearch.co.jp
印刷所	（株）シナノ パブリッシング プレス

ISBN978-4-86392-616-5　※禁無断転載。なお、乱丁・落丁はお取り替えいたします。